历史的面孔

②

变局

徐涛◎著

中信出版集团 | 北京

图书在版编目（CIP）数据

历史的面孔 . 2，变局 / 徐涛著 . -- 北京：中信出版社，2023.1（2025.3 重印）

ISBN 978-7-5217-5055-3

Ⅰ . ①历… Ⅱ . ①徐… Ⅲ . ①历史人物－生平事迹－中国－近代 Ⅳ . ① K820.5

中国版本图书馆 CIP 数据核字（2022）第 232631 号

历史的面孔 2——变局
著者：　　徐涛
出版发行：中信出版集团股份有限公司
（北京市朝阳区东三环北路 27 号嘉铭中心　邮编　100020）
承印者：嘉业印刷（天津）有限公司

开本：880mm×1230mm 1/32　　印张：7.25　　字数：138 千字
版次：2023 年 1 月第 1 版　　印次：2025 年 3月第 11次印刷
书号：ISBN 978–7–5217–5055–3
定价：59.00 元

目录

序　言

纵观几千年世界诸文明，从未有过似中华文明这般具有稳定性的，也罕有似中国人这般爱好稳定生活的。只要稳定，生活总是可以被解释得非常美满。

然而，鸦片战争以后，滚滚而来的世界大势砸碎了绵延已久的安稳，将我们的国家和民族拽进了前所未有的大变局之中。

何谓变局？历史教科书上是这样解释的：西方携坚船利炮入侵，封建王朝摇摇欲坠；一系列不平等条约的签订使中国割地赔款，丧权辱国；各种思潮涌入，中体西用、君主立宪、无政府主义、民主共和的主张交锋激荡。

诚然，这是每一个中国人耳熟能详的国家民族之大变局。但是，若我们将视角聚焦个体——大变局之中的一个个人、一个个家庭，我们会更加震撼于一段段鲜活的人生在变局之中是如何被拉扯的。

“勤奋读书，科考入仕”，“功成名就，光宗耀祖”，这是在天下士子的人生观中沉淀了近千年的价值追求。当科举被废除的那一刻，饱读诗书的知识分子或抗议，或沉沦，甚或了结自己的生命，但这阻挡不了变局的步伐。他们当时面临的是对人生观何等的考验。

“父母之命，媒妁之言”，“在家从父，出嫁从夫”，这是在中国的家庭结构中延续了两千多年的伦理秩序。当孩子接受新思想、敢于追求自由恋爱，女人高喊男女平等、敢于走出家庭的那一刻，的确可被今天的我们称作社会的进步，但当时身处变局中的反抗者的处境是何等艰难，被反抗者又是何等迷惘。

“无商不奸，无奸不商”，“士农工商，商为四民之末”，这是上千年来中国的传统文化对商人的理解，也是传统社会结构为了压制商人的发展所做的社会安排。当西方的商业资本家气势汹汹地在中国收割利益，中国商人喊出发展民族工商业、“实业救国”口号的那一刻，开路者是何等小心翼翼，传统秩序的卫道者又是何等不知所措。

站在变局发端的林则徐，从状元郎到实业家的张謇，从家庭妇女到革命家的秋瑾，从立宪专家到共产党员的杨度，从精通西学到捍卫传统的辜鸿铭，从书斋走向旷野的建筑师林徽因，无不在变局之中挣扎迷惘、上下求索。

变局早就开始了，并且一旦开始，似乎就不会结束。

今天的中华民族走在通向伟大复兴的光明道路上，政局稳定，社会安宁，但时代的变局仍波澜壮阔。

宏观层面无须赘述，领导人已经做出了最精辟的总结：当今世界正经历百年未有之大变局。

而微观层面，我们在忙碌的生活中处处可感。

在经济社会快速向前发展的过程中，我们学习多年的专业不经意间被淘汰了，我们从事多年的行业一夜之间消失了。

在知识快速迭代的过程中，上一辈人的经验即便是成功的，似乎都不足以指导新一辈走好他们的人生之路了，因为两代人所处的是两个并不相同的世界。

在信息加速互联互通的过程中，个人意识迅速串联成社会意识，反过来又深度影响每一个社会成员。我们的注意力被层出不穷的热搜占据，而话语却被片面偏颇的风评牵引。不知道从什么时候开始，人们总是以“现在网上都说……”开启话题。我们很难突破“信息茧房”，有自己的独立思考。

变局给人们带来了迷惘和压力，同时也带来了新的希望。

变局打破了旧的秩序，废除了旧的理念，同时也孕育着新的生机。

社会的发展总是向新向上的，但道路却从不会平坦顺畅，只会等待积极面对、积极求索的人作为。

非常幸运的是，长年的教学工作给了我难得的与青年朋友深度交流的机会，数百万条私信和留言能让我更真切地体会当下年轻人在面对变化的世界时的恐惧和不安，也能让我更欣喜地感受到一些进取者的定力与远见。

此书何以作？讲述人物故事，分享人生经验，为变局中的新一代增加一些智慧之力量和无畏之勇气。

第一章

林则徐 困惑的『开眼看世界』

第一人是幸福的，因为他超越了以往所有的人。

第一人也是孤独的，因为那一刻除他外再无别人。

——题记

引子

1839年。

广州十三行内，新豆栏街，广州眼科医局。

这是一家由美国人伯驾（Peter Parker）开设的医局。伯驾是耶鲁大学医学高才生，对许多基础病都有所涉猎，并不只是一个专职的眼科医生。眼见来求医的人病情五花八门，伯驾干脆把眼科医局改组成综合性医局，能治的病全治。于是在当地人口中，这家医院就成了“新豆栏医局”。

这一天，伯驾的医局来了三位不速之客：一位是翻译；第二位伯驾认识，是钦差大臣林则徐的随从，此人昨天刚刚来治疗过疝气；第三位则是自称“不便透露身份”的神秘人。就算神秘，伯驾也能猜个八九不离十：钦差大臣的随从虽然无品无级，但也是权贵们交相攀附的人物，他能亲自陪同看病并且对其毕恭毕敬的人，在广东地界上，除了林则徐本人还能是谁？

尽管心里有数，但伯驾没有挑明，而是故意装傻充愣，只当接待了一个普通病人。

其实，林则徐受严重的疝气病情折磨已有时日，得知“新豆栏医局”能治，早就派特使与伯驾取得过联络。伯驾相当重视这样一个高规格的病人。他详细地把疝气的机理、性质一一说明，还亲手绘制了一张病变解剖图，附带当时欧洲通行的治疗方法：束一条疝气托带。

不过，伯驾医生强调，为了保证治疗效果，这种托带必须由医生亲自为病人本人配置。

但是这位钦差大臣实在顾忌太多，总安排一些不相干的人前来讨要托带。先是翻译，后是随从，都让伯驾医生一一顶了回去。就在昨天，这位钦差又安排了一个患疝气病的随从来治疗，治疗完成后还借口道：“我有个朋友是高官，不能来看医生，医生也不能去看他。”他以此为由，想看看能不能带几条托带走。伯驾拒绝了这种“无中生友”的借口，没好气地再一次顶了回去。

直到今天，“不便透露身份”的神秘人出现了。神秘人进入医院之后，似乎不着急治疗，而是好整以暇地坐下，滔滔不绝地和伯驾攀谈起来：美国的情形、游历四方的见闻、对时局的见解、国际上对鸦片贸易的看法，最后才谈到疝气的治疗……

作为医生，伯驾很无奈，眼前这个病人竟然不能对自己坦诚，但是作为一个跟中国打交道多年的美国人，他又特别能理解。如果这个病人真的就是林则徐本人，隐藏自己的真实身份也是情理之中的事情。作为钦差大臣，林则徐代表的是朝廷的脸面，若与“夷人”私下攀交，“天朝上国”的体统要如何维系？这是大忌。

伯驾都懂，他是理解林则徐的。或者说，以伯驾为代表的来华西方人看明白了中国。

与之相对，当时的中国却没有看懂他们，不想看，怕失了体面；不敢看，怕惹了麻烦。因此，没有人能真正明白眼前这些西方人拍岸而来，所带来的浩浩荡荡的世界大势。

林则徐睁开眼睛想尽力看明白，但是封建王朝的体统束缚着他，皇帝的脸面约束着他，封闭已久的社会观念阻碍着他。

身处变局开端的林则徐，正茫然而孤独地面对着这突如其来的一切。

能臣的养成

乾隆五十年（1785 年）八月三十日，大雨。

出外巡查的福建巡抚徐嗣曾措手不及，赶紧找到附近一处民居避雨，正巧听见屋内传出一声响亮的啼哭。

治下子民添丁进口，对徐省长来说是一件美事。爱民如子的他立刻按照当地习俗，为新生儿送上祝福。这让主人林宾日喜出望外，连声道谢。

天气放晴，徐省长的车马仪仗渐渐远去，林宾日目送这等威仪做派，就差脱口一句“大丈夫当如是也”了。林氏家族曾是名门望族、书香门第，却不料家道中落，族人各奔东西；自己苦学苦熬考中了秀才，却无法更进一步，如今37岁了，还是家徒四壁、生活拮据，全靠教书度日。林宾日想，要是能像徐大人那样，当一个大官、好官，该有多好？

想到这里，林宾日突然眼前一亮，兴冲冲地奔回屋内，对着妻子说：孩子的名字有了！叫他“则徐”！愿他长大后，能成为徐大人那样的大官、那样的好官！

然而想要“则徐”，对于林家来说并不容易。所谓“穷文富武”，只是相对而言。科举赛场内卷严重，想要出人头地，半工半读绝不可能，必须脱产，全力以赴。这不仅意味着家庭失去了一个壮劳力，还要全家一起供养他。单纯依靠林宾日教书的那点儿收入，林则徐就算断齑画粥也做不到。多亏林母有一手剪纸绝活儿，能赚不少钱补贴家用，她带着几个女儿一起上阵，这才勉强维持了一家生计。

幼时的林则徐心疼母亲，想给母亲代劳，却被母亲批评教育道：男孩子要有大理想，干大事业，不是天天做这些鸡零狗碎的事情来孝顺父母。你好好读书，出人头地，才不辜负母亲的一片苦心。

在今天看来，林母这么做当然不公平，重男轻女不说，也有轻视劳动之嫌。但回到历史的真实处境之下，却有相对的合理性。在那个时代，一个贫困家庭想要摆脱贫困、实现阶层跃升，科举几乎是唯一一条天花板比较高的路。与其盲目追求公平，全家一起耽守贫困，不如先集中资源把一个人托举出去，再由他带领整个家族一起脱贫。

林宾日时刻不忘向儿子灌输做人做事的道理，不仅仅是期盼孩子将来能当大官，光宗耀祖，更期望林则徐能干出一番事业，成为国家栋梁，而非尸位素餐的昏官庸吏。多年后，中年为官的林则徐曾觉得官场无趣，遂萌生退意，打算辞官归隐，回家照料生病的父亲。林宾日训导儿子：我和你母亲身体还硬朗，你还不到四十岁，正该为国效力，怎能在家赋闲呢？

据说，林宾日还曾写下这样一副对联：

粗菜淡饭好些茶这个福老夫享了

齐家治国平天下此等事儿曹为之

在这样的教育环境里成长，小林则徐读书刻苦，志向远大，才八九岁就写得一手好文章，坊间也到处流传着林则徐才思敏捷、擅长对对联的故事。有一次老师带学童们游鼓山，爬上鼓山绝顶峰时，一派天风海涛，令学童们兴奋不已。老师让孩子们以“山”“海”两字作一对七言联对，林则徐的回答是：“海到无涯天作岸，山登绝顶我为峰。”少年林则徐不仅才华出众，对联中所体现的胸怀大志的磅礴之气更是令人叹服。

林宾日很以儿子为骄傲，确定此子日后必成大器。林则徐没有辜负父亲的期待，13 岁就考中秀才，被当地氏族寄予厚望。

秀才是科举之路的第一步，乃功名的起点。但今天人们往往会低估它的难度，把它类比成高考。其实，两者不太具有可比性。当时的读书人要先经过当地知县主持的“县试”，连考五场；胜出者才有资格进入由府级官员主持的“府试”，连考三场。到这一步，只是个“童生”。皇帝还要亲自任命学政官下基层主持“院试”，童生们要通过院试才算有了功名，能被称为“秀才”。在这个基础上，才有资格继续挑战举人，乃至进士。

事实上，能考中秀才已经相当不容易。曾国藩的父亲曾麟书受全家之力供养，辛辛苦苦考了 17 次才博得秀才。洪秀全连考了几次秀才都不中，直接搞太平天国运动去了。后来力谏废除科举制的袁世凯，在早年更是发出“弟不能博一秀才，死不瞑目”的感叹。也有不少人通过了府试，却一辈子也没能闯过院试，到死只是个童生。在文风盛行的南方各省，这种情况更加严重。道光年间，甚至出现百岁童生参加院试的奇观。

林则徐无疑是有真才实学的。他以府试第一的身份过关，并且一鼓作气，在第二年的院试中考中秀才，在 20 岁那年，又考中了举人。

少年得志的林则徐打算一鼓作气，拿下进士。他收拾好行装，带着全家人的希望和同乡的祝福，进京赶考。一旦成功，他就可以留在京城，进入选官的行列。未来不管是成为京官还是外放地方，都能得到一笔俸禄，改变家族的命运。

可是人生哪有那么多一帆风顺。林则徐考进士不仅失利了，而且是连续两次失利。按当时的考试规划，“会试”每隔三年开考一次，这就意味着林则徐已经折腾了六年。

不能再考了。父母年事已高，自己也已经成家，必须担起养家的担子了。

清朝的举人早已没了往年的超然地位。如果不是生在富贵家，没有家族撑腰供养，举人老爷照样得亲自打工赚钱、养家糊口。

暂时放下理想，去为生计奔波，往往是人生中的第一道分水岭。有人会在生计琐事中逐渐沉沦，消磨了心气，就此平凡一生；有人雄心依旧，但看不上手头的事情，认为不值得做而敷衍了事，以致眼高手低、流于浮躁。

所幸林则徐没有走向这两个极端。他的理想深藏于心，但眼下还要务实。只有认真对待，才能有所长进。理想并非一成不变，人需要扎根于实际工作，进行思考，有所领悟，才能让理想真正清晰且丰盈。

在厦门海防同知房永清旗下做文书期间，林则徐熟悉了沿海地区商贩货船往来与米粮兵饷的情况。也正是在这里，他第一次感受到了鸦片给中国人带来的危害。林则徐工作勤勉高效，福建巡抚张师诚对其大为赏识。张师诚爱才心切，干脆用一纸加急公文把林则徐调到身边，吓得房永清还以为林则徐犯了什么罪。

张师诚是林则徐在官场的启蒙导师。《清史稿》评价他“在当时疆吏中有能名，治福建最著”。当时福建最大的问题是海盗肆虐。张师诚用一些相当务实的做法，用极小的代价消灭了大海盗蔡牵。平息海盗的那天，闽中百姓欢声雷动，在乌石山上刻石为张大人记功。林则徐亲身参与了整个过程，贴身观察一位务实的封疆大吏是如何思考、如何规划、如何与上司周旋、如何与狡猾的下属斗智斗勇的。

在张师诚身边这四年里，林则徐把恩师那一套学了个透。林则徐的踏实态度令张师诚信任有加，放手让他负责各种公文的起草工作。林则徐还没进官场，就在张师诚这里上了四年实战班，成了一名既懂为官之道，又务实精明的合格官僚。这也就是为什么林则徐后来初入官场，却能像个“积年老吏”一样沉稳老练。

嘉庆十六年（1811 年），在张师诚的鼓励下，林则徐第三次参加会试。这一次，他中了殿试二甲第四名，赐进士出身，选庶吉士。

向“可为之处”发力

嘉庆十八年（1813年）是林则徐正式来北京“打卡”上班的第一年。同年，京城里发生了一件“汉唐宋明之所未有”之事，部分天理教教徒在宫内太监的接应下，竟然杀进了皇宫。所幸二皇子旻宁（未来的道光帝）率众奋力击退，这才避免血溅深宫。

看过汇报的嘉庆帝不禁流泪，要知道，此等怪事已经不是第一次发生在嘉庆朝了——10年前，嘉庆帝险些被一个失业厨子用刀砍死。他实在想不通这一切究竟是怎么了。他工作勤奋，天往往还没亮，他就秉烛批阅奏章，不比父亲和祖父做得差；他体恤下属，湖北学政杨毅来汇报工作，正值炎热天气，嘉庆帝立即放下了手里的扇子，哪怕汗如雨下。

嘉庆帝夙夜忧叹，冥思苦想，也没能想出什么有意义的答案，逼不得已，下了一道罪己诏，同时要求众大臣总结教训，陈述利弊。

林则徐经常阅读邸报[①]，留心大臣们的奏疏。根据信息的汇总和自己的分析，他基本上弄清楚了这件事情的原委。总的来说，导致天理教之乱的直接原因就是粮食问题。那几年北京、河南、山东等地持续大旱，导致多地粮食歉收。朝廷没有相应

① 邸报，中国古代在官府和士大夫阶层中流传的报纸。

的举措，再加上土地兼并横行，官场贪墨日重，让本就不堪重负的京畿附近的农民更加难以为继，从而引发了这场天理教之乱。

然而，林则徐在此事中的表现却成了后世史学评论对他的第一个诟病点：他洞悉问题症结，却明哲保身，缄口不言。这些问题属于政治红线，不能动也不敢动，林则徐终其一生也没有向皇帝提出过建议，即使他心中有答案。

我认为，虽有史料为证，但是以此来批评甚至否定林则徐，有失客观公允。

因为英雄有两种。一种是秉浩然之正气，不畏权威，不惧生死，仗义执言，针砭时弊，常有振聋发聩的时代强音。为了天下苍生，他们敢正言直谏；为了真理和良知，他们敢于挑战现存不合理的体制秩序。一个民族需要这样的英雄，他们就像灯塔，树立整个民族的信仰，尽管最后以身殉道。他们所提倡的正义，因为固有体制的层层阻力，需要很长的时间才能一点一点地实现。

而另一种英雄，不是不敢牺牲，而是不想做无谓的牺牲，他们要留着有用之躯做可行之事。他们看到了问题的症结，但是更看到了其中的哪些问题是眼下改变不了的，批评议论除了给自己挣得一个良心的美名，于事无补。所以他们沉默，但沉默不是无所作为，而是在既有的现实条件下，尽可能地减少阻力，于可行之处发力，推进社会的进步，缓解民生的疾苦。

“坐而论道，不如起而行之”，一个民族也需要这样的英雄。

当时的林则徐初入官场，人微言轻，他看到的那些问题的症结，哪个是他有能力解决的？官场贪墨是千年陋习，土地兼并是每一个封建王朝到后期都无法逃脱的规律，这是他仗义执言就会有所改善的吗？

嘉庆朝还有一个官员叫洪亮吉，这位洪大人可不是无名小吏，他是乾隆五十五年的榜眼，并为嘉庆帝的老师、大学士朱珪所赏识，负责编修《清高宗实录》。当年刚刚扳倒和珅的嘉庆帝踌躇满志，准备广开言路，特下诏要求“内外臣工，各抒所见，指陈利弊”，不仅是国计民生，就连对皇帝本人的批评也会被虚心采纳。

洪亮吉大笔一挥，洋洋洒洒的万言书直接呈了上去，痛骂当朝官员都是“模棱、软弱、钻营、苟且之人”，政治风气上“赏罚则仍不严明，言路则似通而未通，吏治则欲肃而未肃”，最后还不忘教育皇帝如何向他爷爷和太爷爷学习。这封奏疏确实戳中了嘉庆一朝的种种弊端，但未能解决任何实质问题。洪亮吉本人反倒是触怒龙颜，被发配伊犁，百日后才被消气的皇帝赦免。

林则徐不是洪亮吉，作为一个实干派官员，他愿意放下那些解决不了的问题，而去重点攻克一些可以改善的问题，哪怕不能根治，至少可以拿出一定的成绩。

林则徐找准了方向：民生之本在粮食，而粮食的要害在水利漕运。虽然在体制上解决不了土地兼并、官员贪腐的问题，但是如果治水得力，也可以极大地改善民生。

在之后的几十年间，林则徐一直操心着水利漕运这件事情。嘉庆十八年，他沿着大运河北上进京，一路上详尽记录所经过的河道名称和距离方位。那时他还在翰林院，工作清闲，工时是弹性的，干完活就可以下班，没任务的时候连打卡都不必。林则徐利用这段时间查阅了翰林院史馆中历代涉及水利方面的典籍，前后耗费了约 20 年的心血，参阅并引用了 60 多部文献，才完成一部上筹国计、下恤民生的《畿辅水利议》。

林则徐一辈子治理过的江河湖包括北方的海河、黄河、淮河，南方的长江、珠江、太湖、洪泽湖，他后来被发配到新疆，主要工作也是农田水利工程。说他是清朝第一水利专家，估计没人会反对。对于林则徐治水的本事，道光帝是高度认可的。不管哪里出现水患，道光帝第一个想到的就是林则徐。不管林则徐在干什么，道光帝一定要第一时间命他出来主持。

道光五年（1825 年），就在林则徐在家为母守丧的时候，江苏洪泽湖决口，道光帝火速命他赶去督修堤工。林则徐在“忠”“孝”间犹豫不决，被老父责备了一番：现在国家有急切劳苦的事情需要你，你却推脱不去，这就是畏难诡避，不能为国家尽忠的臣子，又怎么做一个孝子呢？听了父亲的话，林则徐卸下心理包袱，素服前往水灾前线督工，完工之后又回到故里继续守丧。

道光十一年（1831年），林则徐被任命为河东河道总督，总管河南、山东两省的河道。这相当于整个黄河中下游流域的运河蓄泄、支河湖港疏浚、堤防……大小工程，全部由林则徐掌管。在“有心人”眼中，这是除了南方富庶省份督抚的第一肥缺。而在另一部分人眼里，这里水患频发，一旦出事则干系重大，实在是个烫手的山芋。

想要干好这项差事，清正廉明的操守和广博的水利知识，缺一不可。

林则徐正是道光帝心中的不二之选。

他没有辜负道光帝的信任。作为从一线干出来的能臣，他对地方官员那点儿小心思了如指掌。河道工程最重要的就是施工监理和原料查验，尤其是后者。当时材料堆放地共有七千多处，而且每年要增添两次。许多外行的官员根本检查不过来，只能走马观花地过一遍。即便他们想认真对待，也不知道关窍在哪里，于是官吏和奸商们掺杂使假、偷工减料、缺斤少两……蝇营狗苟的伎俩数不胜数。

林则徐不惯这些毛病。他坚持这七千多处都要查到，而且具体到每个原料包裹。若发现哪里不对，他就责令立即开包检查，当面点破其中伎俩。连一些“积年老吏”做的手脚，林则徐也能一眼识破，然后从严从重从快处理。地方官吏和奸商们从没见过如此认真且水平精湛的督抚大员，只好立即收起轻慢的心思，开始老老实实做事。在林则徐任职期间，水利工程不仅从来没有出过事，风气也一时肃然，更为道光帝节省了不少银子。

这让一向崇尚节俭的道光帝大喜过望，忍不住在林则徐的奏章上批注："如此勤劳，弊自绝矣。作官皆当如是，河工尤当如是。吁！若是者鲜矣！"唉，为什么像林则徐这样的官员这么少呢?

坚韧的品格、敏锐的眼光、丰富的执政经验、务实的行政风格……林则徐具备了一切能臣良吏的条件。或许正是因此，历史才选中了他，由他去推开中国那道尘封太久的大门。

道光十八年（1838 年），林则徐于初冬时节进京。第二天就被道光帝召见。一连八天，每日议事。这既是道光帝对林则徐的器重，更是向外界表态：林则徐深孚朕望，他的意见，就是朕的态度。

同年十一月十五日，道光帝颁布了一道诏谕，谕内阁：湖广总督兼兵部尚书衔林则徐，着颁给钦差大臣关防，驰驿前往广东，查办海口事件。所有该省水师，兼归节制。

林则徐踌躇满志，目光坚定，踏上了赴广州查禁鸦片的征程。

那时的他还不知道，这是他一生中最后一次进京，也是他最后一次面见道光帝。

“多事”的“开眼看世界”

如今的我们知道，林则徐身上有个非常醒目的标签：开眼看世界第一人。但是如果深究这个问题，就会引出无数的问题：林则徐为什么会是“第一人”？之前或同时期，为什么没有其他人“开眼看世界”？

如果我们可以穿越回林则徐的时代，就会发现“开眼看世界”真不是什么受欢迎的行为，甚至会招来反对和诋毁。

第一个阻力就是皇帝。

中国历代帝王都为如何长治久安操碎了心：加强了国防，军头就造反了；压制了军头，外敌又入侵了；让兄弟当军头，他的兄弟就篡位了；拉妻子一家入伙，结果外戚干政了；用朝臣压制外戚，朝臣却独揽大权了；用宦官压制朝臣，宦官又把持朝政了。总之，清朝以前的王朝，就在这几个危机之间打转，不是遇上这个，就是遇上那个，最终不是亡于这个危机就是亡于那个危机。

到了清朝，帝王们总结了历朝历代的经验教训，终于谋划出一套近乎完美的顶层设计。

清朝皇帝是中原的皇帝、满族的旗主、满蒙联盟的盟主、藏传佛教的文殊菩萨。中原地区主导清朝的财政秩序，供养这个庞大帝国。满蒙联盟主导安全秩序，以精兵战略负责国防和开疆拓土；藏地以其精神力量驯化蒙古。藏传佛教的信徒一般都会从属于某一座寺庙，牧民可以移动，但寺庙无法移动，于是蒙古游牧民的游牧半径便被寺庙固定下来，从而形成某种意义上的定居化。在藏地，清朝皇帝以文殊菩萨转世的身份出现，并最终裁定活佛转世结果。回部（新疆）则提供帝国整体的安全战略空间。

就这样，中国形成了一幅巨大的拼图：满蒙出战士，西藏出宗教，中原出物产，新疆做枢纽。每个板块像紧密咬合的齿轮一样形成一个整体，大家各司其职，各归其位，围绕着皇帝这个轴心旋转，像一个达到最完美状态的陀螺一样高速旋转，又近乎静止不动。

这是古代中国历代王朝共同追求的理想状态。事实上，这不是中国独有的秘籍，而是古典帝王制国家共同的最终选择。清帝国的西亚邻居——奥斯曼土耳其帝国同样采取这样的设计，创造了一个地跨欧亚非的大帝国。

然而这时候，无论受到多么轻微的一点儿外力，这个陀螺都会瞬间失衡。由此不难理解，帝王们为什么会极度排斥改变。早在乾隆五十二年，马戛尔尼使团还没到来时，乾隆帝就写过这样一首诗：

间年外域有人来，宁可求全关不开。
人事天时诚极盛，盈虚默念惧增哉。

在他看来，外人外事的到来，只会破坏大清当下的完美状态，只会为决策增加不必要的变数，枉费许多心思。既然如此，还不如不开、不看，大家相安无事，多好？

道光帝也同乾隆帝一样，认为“开眼看世界”只能惹来无穷无尽的麻烦。

眼下既是通商，又是鸦片，在道光帝看来都是开放贸易口岸惹的祸。当林则徐在广州主持对英交涉的时候，道光帝还因为他和“夷务”纠缠不清有些恼火，认为“不成事体”。断绝贸易最多是不要这笔关税而已，“区区税银，何足计论”！虎门销烟之后，道光帝一度认为林则徐已经大功告成，打算让他卸任，去担任两江总督。在他心目中，两江比两广重要多了。

皇帝持这种态度，大臣们当然也不愿多事。

说林则徐是开眼看世界第一人，并不意味着其他人全都闭着眼，对大清国外部事物一概不知。康熙朝的图里琛曾出使土尔扈特部，把沿途见闻写入了《异域录》。雍正年间陈伦炯著有《海国闻见录》，其中“四海总图”便粗略地描画出世界各国的大致地理位置。至于乾隆一朝，军机大臣松筠、两广总督长麟等都同马戛尔尼有过多次长谈，内容涉猎广泛。

但是上述这些人要么是出于公务，不得不去；要么是出于猎奇，并非真的想去改变什么。而且他们在偌大的清政府官僚体系中屈指可数。更多的官员会反问：为什么要开眼看世界？有什么可看的？

在他们眼中，各种“夷”和朝贡体系下的藩国没有什么区别，“无所谓外交也，理藩而已”。但是相比“没必要”，“不要多事”才是更重要的心理动因。对于几乎所有的封建官僚而言，“无事”就是最大的好事，一切保持原样就是最好的结果。久而久之，“无为而治”就成了中国政治的最高理想、至高境界。基于这种理想，官员最好的策略就是躺平，谁主动揽事就是无事生非，就是跟大家过不去，就应该被全体官僚起而攻之。

林则徐为了“知夷”，在广州赞助了一个人员来历复杂、成分复杂的翻译团体。他们翻译当时广州所有能看到的外文报纸、书籍等，其中一本经由林则徐亲自润色的《四洲志》，成了后来魏源《海国图志》的母本。然而，这些被后人称道的开眼看世界的壮举，在当时人眼中就是“多事”。琦善就曾在道光帝面前说：“盖缘从前夷书，只系商人寓目，多言之事，官员向不过问。自前督臣林则徐到粤，欲悉夷情，多方购求。”其中当然有倾轧的成分，但未必不是当时封建士大夫共同的心态。

皇帝怕麻烦，官员烦多事，就给了另一群人上下其手的机会。

这个群体就是吏。

在中国，究竟是谁说了算，其实一直是个很模糊的话题。乍一看，当然是皇帝说了算，他口含天宪，言出法随，乾纲独断，怎么看都应该是大独裁者。但是你也许曾听到另一个声音："天子垂拱而治，与士大夫共治天下。"王朝前期，皇权在军事力量护佑下，还能获得一点儿独裁的机会，但后期往往会被士大夫分权，形成"天子垂拱而治，士大夫共治天下"的格局。一字之差，就让名义上的"皇帝专制"变成了事实上的"士治"。

但继续往下看，这些官僚士大夫看上去位高权重，其实离开了"吏"这个阶层，他们根本就是寸步难行。人们往往把"官吏"并称，其实官是发令者，吏是执行者。没有吏的执行，官的令不过是一纸空文。这就给了吏欺上瞒下的空间，因为大多数官僚并不深入实际，也耻于深入实际，所以只能听从吏的反馈来做决策。晚清著名思想家冯桂芬就说："州县曰可，吏曰不可，斯不可矣，犹其小者也。卿贰督抚曰可，吏曰不可，斯不可矣，犹其小者也。天子曰可，吏曰不可，其不可者亦半焉，于是乎其权遂出于宰相大臣之上，其贵也又如此。"

意思是说，这群吏的权力大到恐怖的程度。县长和省长级别的官员说行的事，他们说不行，这事就办不成。皇帝说行的事，他们说不行，也能让至少一半的事情办不成，这权力简直要超过宰相了。

眼下林则徐想"知夷"，想要和"夷人"直接对话，就遭到了吏的暗中掣肘。

盘踞在广州的吏就是行商。清朝所谓对外贸易，其实叫"窗口贸易"更合适。洋人来到广州，其实还不能和中国商人直接交易，只能和广州几家商行的代表做贸易。商行吃下洋人的货之后，再转卖给内地商人。这些商行经过几番淘汰，逐渐聚合成了十三家商行，这就是著名的“广东十三行”。这些商行的代表表面上是官府委任的与洋人交易的吏，但实际上已经垄断了对外交往的一切渠道。林则徐那个时代的官员需要时刻关注自己的身份，不能“罔顾天朝威仪”，屈尊到洋人的地方去。即便开明如林则徐，也无法对抗这种风气，只好请中间人联络。这就给了这些行商从中渔利的机会。

比如林则徐和伯驾的交往历程即如此。

最初，伯驾和林则徐的沟通是相当愉快的。伯驾曾公开反对鸦片贸易，反对战争，主张谈判，缔结和平条约，在当时的广州颇有影响力。这种积极的表态让他成为林则徐“知夷”计划中必须访问的一个人。

伯驾本人非常高兴，并且欣然和林则徐的代表见了面。席间，伯驾把自己要送给林则徐的地图册、地球仪、地理书交给代表们。这实在是送到了林则徐的心坎上。对于一个有心开眼看世界的人来说，没有什么比这些更贴心的了。而林钦差的代表则要求伯驾按照天朝礼仪写一封申请书，钦差大臣就可以给他开一张特别通行证，以便他和林则徐见面。伯驾虽然对这种天朝上国的礼节颇有不满，但还是期待能与林则徐会面，并写信给林则徐，称自己是中国人的朋友，愿意竭尽所能为他提供帮助。

但是，这场会面却没能实现，部分原因出在作为中间人的伍浩官身上。如果两边可以顺畅沟通，那还要他干什么？于是他对伯驾说：见了林则徐，你就谈医药，谈无关紧要的风俗，你不懂贸易，也不了解鸦片船。这让伯驾非常不快。后来，林则徐和伯驾之间就总是书信往来。这倒是伍浩官可以接受的，只要不绕开他这个中间人，什么都好说。

这位伍浩官的原名叫伍秉鉴，他所在的商行叫作怡和洋行。早在道光十四年（1834 年），伍秉鉴的个人资产就达到 2 600 万银元。2001 年，美国《华尔街日报》统计了 1 000 年来世界上最富有的 50 人，有 6 名中国人入选，伍秉鉴是其中唯一一个平民。

1843 年，清政府强制要求十三行支付外商赔款 300 万银元，伍秉鉴一个人就支付了 100 万银元。只不过，他一心想要维持居间垄断格局，却被《南京条约》中的“五口通商”条款罢免了地位。也就是在这一年，伍秉鉴病逝，十三行也从此一落千丈。第二次鸦片战争时，一场突如其来的大火将这片商馆吞没，将十三行化作了历史的尘埃。

皇帝怕麻烦，官员烦多事，小吏贪权力。凡此种种，让整个中国陷入了可怕的“衰世”。

林则徐的好友龚自珍认为，在“治世”与“乱世”之间，其实还有一个“衰世”。在这个“衰世”中，朝廷无才相，兵营无才将，学校无才士，田野无才农，居宅无才工，工场无才匠，街市无才商，甚至连“才偷”和“才盗”都没有。其根本原因就在于有如此之多的掣肘，真正的人才无法出头，无法有为。别说只有一个林则徐，就是有再多的林则徐，也不免被杂七杂八的掣肘耗干了心血，与这衰世一起沉沦。

但是林则徐终究还是要“有为”，也必须“有为”。在翻译并润色《四洲志》的过程中，他已经了解到世界之大，远非只有中国这一隅。在中国看不见的地方，其他国家也发展得有声有色，创造了属于自己的辉煌。当然，也有一些如清朝一般的“老大帝国”正在沉沦，甚至已经消亡。此刻的林则徐尽管还没有放下“华夷之别”，但依然为欧美商人远涉鲸波鳄浪来求财求富的勇气所叹服。

他还窥见了欧美列强富强的秘密和逐利的本质，他试图找到更务实的手段来禁绝鸦片：可以鼓励正常贸易，以区别对待的方式分化列强，“奉法者来之，抗法者去之”，谁听话就和谁做贸易。反正和清朝做生意的利益就摆在这里，甲国不听话赚不到钱，自然有听话的乙国增补，以此分化瓦解西方国家。“盖驭夷不外操纵二端，而操纵只在贸易一事”，颇有点儿现代贸易战的意味。他进而想到，西方人可以远涉重洋来求富，中国商人为什么不可以出海与西方人争利？“华民惯见夷商获利之厚，莫不歆羡垂涎，以为内地民人格于定例，不准赴各国贸易，以致利薮转归外夷”，如果放开，“则其不患无人经商”。

但无论是操纵贸易还是鼓励华商出海，都只是林则徐的一厢情愿。到底可不可行，他还必须找到一个“知情人士”，听到来自域外的真实声音。为此，哪怕用上“微服私访”这样的非常手段，林则徐也必须和伯驾见上一面。

从伯驾那里，林则徐了解到西方各国的很多人其实也是反对鸦片的，一些有识之士还著书立说痛斥鸦片贸易。而伯驾正是反鸦片阵营中人，他斥责鸦片贸易是“罪恶的”，对林则徐禁烟大加赞赏。他建议林则徐了解外国人的性格和文化背景，以便恢复各国间友好关系。其办法就是缔结“公正的条约”，即用谈判和法律解决问题，让所有国家，不论是中国、英国、荷兰、法国，还是美国，彼此和睦，订立一项友好条约。

终于能够畅所欲言、直抒胸臆，这让伯驾非常愉快。尽管不确定自己见到的是不是林则徐本人，但多年之后的他回忆起这一幕时，依然感到兴奋：“我转达了关于外国的真正正确的知识，我无法表达我有多么高兴。如果钦差大臣能同意我这种友好情感的表达，我将高兴地再次向他请求，或尽全力为他服务。”

林则徐对“各国间”这种说法非常抵触。前文说了，睁眼看世界的阻力来自皇帝、官僚、小吏，但是相比中华文化道统带来的阻力，前面几个都很微小了。

中国在过去的数千年中，一直是东亚地区文化和经济的水塔，由此形成了一整套以中国为核心的经济文化圈，并由近及远辐射众多藩国和附属国。所以，尽管林则徐对域外各国的成就很赞赏，但他并不认为这些国家就有资格跟中国并称“各国”。试想，如果欧洲列强可以和中国平起平坐，那么它们该以什么身份对待中国的藩国、附属国呢？那些藩国、附属国又该以什么姿态面对这些西方国家呢？中国又该怎样确定自己的身份呢？道光十九年（1839 年），林则徐到广东查禁鸦片之时，英方代表查理·义律的禀帖中说“使两国（中国和英国）彼此相安”。但林则徐对这种说法嗤之以鼻：“即如两国二字，不知何解。”

但是对于伯驾建议用法律手段解决冲突、避免战争，林则徐还是非常感兴趣的。伯驾也欣然接受林则徐的邀请，帮他翻译滑达尔的《国际法》。滑达尔是当时瑞士著名的国际法学家。1758 年，他的著作一经出版，立即风靡欧洲，成为欧洲法学界和外交界的必读书。尤其是在外交界，它几乎是所有外交官、领事官的案头必备书。各国有了外事纠纷，无不从中援引法条解决。

林则徐对此大喜过望：如果欧洲各国都遵从法律，那禁绝鸦片贸易岂不是指日可待，而且兵不血刃？

无法避免的战争

林则徐捧着《国际法》，想去找英国人碰一碰，全没想到碰了一鼻子灰。

案件其实非常清楚：一伙英国水手在香港村落边酗酒闹事，打死了一名叫林维喜的无辜村民，有人证、有物证。林则徐找到英方代表义律，要求他交出凶手，按中国法律惩处。但是义律花钱买通家属和证人，后来事情闹大了，又想把美国人拖下水，总之不想遵守中国法律。

林则徐立刻翻出《国际法》，指着其中“二百九十二条 第四款”给义律看：“往别国，遵该国禁例，不可违犯。如违犯，必有罚以该国例也。”你义律作为外事负责人，《国际法》又是案头必备书，不会连这个都不懂吧？你痛痛快快地把凶手交出来，让我按我朝的法律判决不就行了？

但是义律两眼一翻、两手一摊，根本不予理睬。

这让林则徐非常恼火，他写信斥责义律：你所代表的国家自有法律，但仅在你的国家生效，自你前来广东进行贸易，甚至你的国主也会命令你遵守我朝的律例和法令，你怎么可以在我朝实行你自己国家的律例呢？

义律没有理会林则徐。1839 年 7 月 26 日，义律在中方原告、中方证人、中方官员全部缺席的情况下，自建法庭、自认法官、自行宣判，自编自导自演了一出闹剧。而英国政府此刻的态度却相当暧昧，时任英国外交大臣的巴麦尊说：“虽然国家有法令允许你组成法庭，但是除非遇有绝对必要，否则不应根据该敕令开始采取任何行动。同时应把你考虑的结果向我汇报，以供英王陛下政府参考。”简言之就是：你这么干不是不行，但是得先跟我说一声。

林则徐忍无可忍，决定将义律这样的“奸夷”和散住澳门的“英夷”一并驱逐，并且断水断粮，以示惩罚。英国侨民经过“民主决议”，第二天全部撤离澳门，在一些商船上栖身。英方摆明要顽抗到底，林则徐也不含糊，派遣水师天天在洋面上游弋，严惩偷偷给“奸夷”供应物资的汉奸。

栖身在船上的英国侨民失去了生活物资，逐渐陷入绝境。义律这时又卖起了惨：“把孕妇、病人和儿童逐出他们的住宅并剥夺食物供应和随从人员，能否体现和平或帝国的尊严？”这种讲故事的能力和选择事实的本事，实在令人叹为观止。

在卖惨的同时，义律又联络了两艘大型战舰进入广东水域示威。林则徐立即晓谕沿海各个村庄、城镇积极备战。终于，在 1839 年 9 月 4 日，双方在九龙半岛附近海域爆发一场小规模海战，后来被视为鸦片战争的前哨战。然而清朝在有三艘大型战船和一座炮台的情况下，激战四个小时却依然让对方两艘战舰全身而退。

最终，不愿多事的道光帝实在受不了前线的纠缠，干脆下了一道诏书，“其殴毙华民凶犯，亦不值令其交出”，此事就此不了了之。

事情虽然就此了结，但无论是过程还是结果，都让林则徐难以接受，更难以理解。不是说西方各国都按法律办事吗？为什么英方不遵守？还有，不是说英国本土也禁止鸦片吗？那英国政府为什么要替那些鸦片贩子撑腰？难道他们一定要把局势拖进战争才肯罢休吗？

林则徐是近代中国开眼看世界的第一人，他尽力地去看了，但看不清、看不懂，也看不透。

他以为走私鸦片的只是些“小鱼小虾”，却没看到围绕鸦片贸易的商人早就形成了集团。鸦片创造的利益和鸦片贸易的利润也让英国政府欲罢不能。义律曾向巴麦尊报告：“去年（1836 年）我们的商人输出的鸦片总共将近 1 800 万元，超过同时期英国输入的茶、丝总值大约 100 万元。”

坐拥如此利润，让鸦片集团在英国政坛极具影响力。早在 1831 年，也就是鸦片战争爆发的约 10 年前，鸦片巨头威廉·查顿就怂恿英国驻印海军司令对华作战。第二年，英国东印度公司派遣一支 70 人组成的考察团，详细侦察厦门、福州、宁波、上海、山东等地港口，气焰十分嚣张地得出结论：一千艘中国舰船都抵御不了一艘英国战舰。他们还规划出足以战胜中国的军队规模：一艘装备 74 门炮的主力舰、11 艘辅助军舰，加上陆军 600 人，共计 2 940 人，就“足够达到我们所希望的一切”。

同样是在林则徐看不到的地方，在遥远的英国本土，纺织业集团也在鼓动对华战争。他们是工业革命的最早受益者，纺织机、蒸汽机都是在这一行业率先应用的，让他们吃足了第一波技术革新红利。同时，他们早早地经历了“资本主义经济危机”的反噬：当他们制造出来的东西超过了欧洲的消费极限时，多出来的部分就只能白白浪费——他们可不愿意为了不浪费而降低价格。

当然还有更好的办法，那就是向世界范围扩张，去更大的殖民地倾销国内的商品。

早在 1829 年，英国就有政客鼓吹：“中国市场有庞大的人口，如果把那个国家的市场开放给自由贸易商人，则英国货在那个市场上的销量，将会比全世界其余地方的总销量还要大。”但是现状却让他们抓狂：只有广州一处口岸，这点儿“带宽”让他们心烦；只有十三行一个窗口，那点儿“流量”让他们心焦；中国内地几乎家家都有的织布机更是让他们绝望。砸烂广州！砸烂十三行！砸烂中国的织布机！而这一切只能通过战争手段才能实现。“与中国必有一战”已经成了英国纺织集团的共识。

就这样，鸦片集团和纺织业集团携起手来，鼓动英国政府对华动武。1839 年 10 月 1 日，经过长时间的讨论，英国内阁终于同意派遣一支舰队，“对这三分之一的天下生灵作战”。

林则徐不懂：贸易就这么重要吗？英国人为了享有更多的贸易机会，为什么一定要诉诸战争？又是怎样的贸易机会让他们不惜诉诸武力？难道他们不知道，战争意味着巨大的消耗？

当然有必要。相比对华战争获得的利益，战争那点儿消耗根本不值一提。“中国为英国制造业提供了一个销量庞大且迅速扩张的市场，同时又为印度的出产（鸦片）提供销路……而这又使得印度人能够借以消费我们（英国）的制造品。”

将印度的鸦片卖到中国，赚到的钱去帮助印度完成消费升级，购买英国的制造品，同时中国也会买英国的制造品。如此，英国的对华贸易就可以“置于安全的、稳固的、永久的基础之上了”。

事实上，后来的马克思真正看透了这一点。“英国在印度要完成双重的使命：一个是破坏的使命，即消灭旧的亚洲式的社会；另一个是建设性的使命，即在亚洲为西方式的社会奠定物质基础。”

马克思这里说的虽然是印度，但中国此时面对的是同样的命运。英国要的不只是单纯的利润，也不单单是更多的贸易机会，而是要将整个世界拉入由自己主导的政治经济体系中，成为自己旗下的一员。当然，更重要的“建设”任务，是在原住民心中注入西方式的生活方式，让他们过上西方式消费的生活，以便更好地接受倾销，发自内心地认为这些倾销品胜过本土产品。这就叫作“消费驯化”。

不得不说，这种消费驯化相当成功。早在清中期，就有人记录了当时社会以“洋”为荣的现象：“道光年间，凡物品之极贵重者，皆谓之洋。重楼曰洋楼，彩轿曰洋轿，衣有洋绉，帽有洋筒，挂灯曰洋灯，火锅名为洋锅，细而至于酱油之佳者，亦呼洋秋油，颜料之鲜明者，亦呼洋红、洋绿。大江南北，莫不以洋为尚。洋乎洋乎，盖洋洋乎！”

即便在今天，也不乏以买“洋货”为荣、用“土货”为耻的现象。说人“洋气”已经成了天经地义的夸赞，而“土气”则成了理所当然的鄙夷。这就是消费驯化的结果。只有到了这种程度，才能说真的建立“安全的、稳固的、永久的基础”了。

当然，这种建设是有前提的。远方的原住民一定不能也实现工业化，一定不能兴起自己的民族主义，一定不能成为可与西方匹敌的强壮文明。最好是一边当廉价资源的基地，去当“卖油翁”“卖炭翁”，一边心甘情愿地成为忠实的“接盘侠”。如果胆敢抗拒这种安排，才是挨打的时候。

在今天，“落后就要挨打”似乎已经成了定论。但事实上，落后未必一定挨打，落后且不甘心接受这种安排才会挨打。但是，拥有五千年文明的中国有自己的骄傲，不容许自己接受这样的安排。是全盘接受西方的安排，还是自主决定自己的未来？两种前途，两种命运，在未来的一百年间相互纠缠、相互较量，人们百般寻路、艰难求索。这才是这场“三千年未有之大变局”的真相。

因此，林则徐所有“兵不血刃”的构想只能是空想。他只看到甲国和乙国的内部矛盾，却没有看到甲国和乙国对外其实同为一体，那两个任务不是甲国执行就是乙国执行。中国商人出海争利，不是与某国争利，而是与整个西方世界争利。即便偶有成功，也会遭遇各国联手剿杀，绝不会容许中国商人成长为强壮的竞争者，更不希望中国人掌握真正的竞争规则。

在林维喜案过去25年后，一个叫丁韪良（W. A. P. Martin）的美国传教士带给中国一本《国际法原理》（*Elements of International Law*），中文译名为《万国公法》，这标志着西方国际法被正式介绍到中国。恭亲王奕䜣亲自上书朝廷，拨款纹银五百两刊刻出版，分发到各个通商口岸。凡负责外事活动的人员，必须做到人手一本，认真学习。后来清朝派出的使节，包括郭嵩焘、曾纪泽、薛福成这种大员，都读过这本书。

后来，丁韪良担任京师同文馆总教习，开设国际法课程，这本《万国公法》被安排在第五年学习，作为毕业科目。京师同文馆的毕业生在未来的外事活动中表现不俗。1866年的法国入侵朝鲜，1874年的日本侵略台湾，1875年的马嘉理案，1878年的中俄伊犁谈判……在这样的时刻，中国的外交人才援引《万国公法》准则，据理力争，取得了相当大的外交成就。

但是中国取得的这些外交成就让一些外国人非常不快。"中国人终于找到了他们大显身手的外交领域，在未来的交涉中，我们必须对中国人刮目相看，他们已经在用我们所承认的那些依据来对抗我们了。"

或许一位西方外交人员的态度最能说明问题："这个家伙是谁？竟然想让中国人对我们欧洲的国际法了如指掌？杀了他！掐死他！他会给我们找来无数麻烦的！"

后世有声音说，如果不是林则徐动作过激，就不至于走向战争。其实这不过是一厢情愿而已。英国人真正在乎的根本不是林则徐的动作是否“过激”，而是中国能不能接受被安排好的命运。

只要中国人仍然不甘心任人摆布，仍然想要掌握本国命运，那么，这场战争就避免不了。

尾声 “星斗南”

太平天国运动爆发时，新继任的咸丰帝又想起了林则徐。时年 65 岁的林则徐已经病重到了“行坐亦不能自适”的地步。行至潮州时，“旧疾疝气大作”，但他仍“力疾前往”。“十月十九日”，林则徐勉强来到普宁，暂住于洪阳镇北边的文昌阁。在这里，林则徐病危，临终时“以指向天”，大呼“星斗南”三字而亡。

在很长一段时间里，没人知道这三个字是什么意思，也不知道林则徐死前高呼这三个字是何用意。历史学家朱维铮先生考证说，林则徐是福建人，“星斗南”三字，正是闽南语“新豆栏”的对音。

或许是那一刻，他在病痛的折磨中想到了当年那位费尽心机才见到的外国医生，想起他说过“熟练的医生首先要查明病因。如能消除病因，治愈疾病就有了相当的把握”。医生赠送的那些托带曾经缓解了他的痛苦，却终究没能治愈他的疾病。

就像自己效忠了一生的帝国，他尽了全力去查明“病因”，却终究没能实现“治愈”，以至于这个老大帝国像他自己一样困于衰朽，难以自拔。

如今，这熟悉的痛苦又在折磨着他衰老的躯体，那位医生今又何在呢？谁又能治愈这一切呢？

林则徐忍着痛苦，望向遥远的天边。

天，渐渐黑了。

林则徐走了，但是围绕着他的争议却没有结束。

蒋廷黻说“林则徐实在有两个，一个是士大夫心目中的林则徐，一个是真正的林则徐。前一个林则徐是主剿的，他是百战百胜的”，后一个“林则徐是慢慢地觉悟了的”，是“让主持清议的士大夫睡在梦中”，“让国家日趋衰弱，而不肯牺牲自己的名誉去与时人奋斗”。“中国士大夫阶级（知识阶级和官僚阶级）最缺乏独立的、大无畏的精神。无论在哪个时代，总有少数人看事较远较清，但是他们怕清议的指摘，默而不言，林则徐就是个好例子。”

可是，作为一个实干派的官员，他真正害怕的是清议吗？清议造成的只是名誉受损吗？远非如此。清议的结果是决策层受到舆论的影响，是实干派被打倒，是再也没有机会作为。

当然，蒋廷黻批评林则徐的真实目的，其实是表达对中国士大夫不能积极推进近代化的不满。因为在他身处的时代，日本帝国主义加紧侵华，民族危机空前严重。蒋廷黻极其渴望中国人能够积极推进近代化，早日提高国人的国家意识，从而振作起来力图改革。

蒋廷黻的目的非常积极，论述也有其道理，但是用林则徐作为反面例子，我不能完全认同。

林则徐当然有其时代局限性。他没能看清自己面对的是一场何等规模的变局，也没能找到应对变局的正确之法，但他依然无愧于“近代中国开眼看世界第一人”的历史地位，无愧于“民族英雄”的称号。

一个民族是需要英雄的，如果我们执着于寻找英雄的瑕疵，并本末倒置，达到贬低甚至否定英雄的结果，就是悲哀的。历史不仅仅具有记载的意义，还有宣传教育的意义。或许对于历史学家来说，对历史人物的研究固然需要辩证、需要全面，但是对于人民群众来说，我们需要英雄，那是一种民族精神的支撑，一种面向未来的力量。

林则徐走了，但是这场大变局并没有结束，它刚刚拉开序幕。在此后的一百多年里，这场变局将深刻冲击古老中国的政治体制、社会结构、文化道统。而在这场变局的裹挟之下，渴望自主自决、自立自强，不愿意接受强加于身的命运安排的中国人，在各个领域、各个方面将展开自己的探索，去适应这场变局。

左宗棠为林则徐题写的挽联，正是林则徐一生最好的写照：

附公者不皆君子，间公者必是小人，忧国如家，二百余年遗直在；

庙堂倚之为长城，草野望之若时雨，出师未捷，八千里路大星颓。

第二章

张謇

极致地来，洒脱地去

人生该如何度过？

金庸答曰：大闹一场，悄然离去。

——题记

引子

1894 年是中国传统历法中的甲午年。

年初的北京城还处在一片祥和中。等到 7 月，中日才会在朝鲜大打出手；9 月，黄海海面的舰炮轰鸣才会响起。眼下京城官员的头等大事，就是要迎接慈禧太后的銮驾从颐和园返回紫禁城。

一大早，文武百官就在紫禁城外，按照品级排成整齐的队列，等待大清国最尊贵的人物进入帝国最高权力中枢。

张謇也有幸在这队列当中。这一年恰好是慈禧太后的六十大寿。老太太一高兴，决定特别开设一次恩科，多给天下读书人一次考状元的机会。张謇就是那个幸运儿。在这之前，他已经在科举的道路上奔波了半生，屡战屡败，屡败屡战，终于把握住了这次机会，登上了金字塔的顶端。这一年，他已经 41 岁了。

然而官员们首先等来的不是太后的仪仗队，而是一场大雨。雨越下越大，很快变成暴雨。紫禁城内外“积水盈尺”，把一众官员结结实实地泡在了水里。其中不乏一些年过六旬、七旬，风烛残年的老臣，他们华丽的朝服被雨水浇透，年迈的身躯在凄风苦雨中直打哆嗦。

等了许久，太后的仪仗队才优哉游哉地出现在群臣眼中。一声喝号响起，群臣像割草一样跪倒在积水中，谦恭地等待着太后的仪仗队从面前穿过。群臣浑身湿透，抖如筛糠。那几位老臣连长长的花白胡须也浸泡在积水中，手臂几乎撑不住身子。慈禧太后傲然地坐在高大宽敞的轿子中，被人抬着穿过群臣的队列，甚至都没有看这些重臣一眼。

冗长的仪仗队终于全部走过去了。群臣如释重负，拖着冰冷僵硬的身体站了起来，暗自庆幸终于有了一次机会可以在老佛爷面前展示忠心。此时的张謇心里却有无尽的疑惑：国势颓弱，民生疾苦，自己拼搏半生，从童稚熬到不惑，摸爬滚打，受尽屈辱，难道就是为了今天在雨地里表忠心？眼前的这些处于权力中心的臣工私相交攀，钻营取巧，自己的余生混迹其中，又能做出什么对国家有益的功业？

这个激荡变幻的时代能不能容许读书人走出一条新路？

冷籍

清朝雍正年间的江苏海门（今南通）还只是一片沙洲。后来随着沙土越积越多，形成一大片无主的空地，这才吸引了大批移民前来垦荒，逐渐形成了村落集镇。然而江水涨落变化无常，时不时地吞没移民好不容易开垦的耕地，让他们这一年来的收成打了水漂儿。面对这种无妄之灾，居民只好耐着性子接受，然后另辟一块耕地。险恶无常的环境让他们常常生活在忧惧之中，却又磨砺出他们别样的性格，让他们少了“安土重迁”的保守，多了居安思危的忧患意识和百折不挠的进取精神。当一块地皮遭灾，眼见无法维持时，换块地就是了。

张謇就出生在海门的常乐镇。他的父亲张彭年靠着一双手和精明的头脑，硬是把一个家从赤贫经营成了小康水平。但若想继续攀越阶层，在当时唯一的出路就是考科举、当大官。

所幸张謇天赋英才，小小年纪就文采出众。12 岁那年，教书先生出了一个上联“人骑白马门前去”，张謇张口应道“我踏金鳌海上来”。这让张彭年非常兴奋。在他看来，这是大大的吉兆，说明这孩子未来一定高官得做，骏马得骑，能成为改变家庭乃至家族命运的人。

但是当张彭年回看自己的家庭时，却不由得暗自发愁，因为自家的户籍叫作冷籍。

所谓“冷籍”，就是三代以内没有出过读书人的家庭。按照清朝的规矩，这样的家庭是不能考取功名的。可为什么清朝要制定如此古怪且不近人情的规矩呢？

因为官员太多了。科举制发展到清朝，尽管制度已严格到近乎变态，录取比例早已经超过了万里挑一，但依然架不住有太多人想通过科举逆天改命。但问题是，按当时的执政理念和机构设置来看，根本容纳不了那么多官员。因为入了官场的人，未来只有两条路：一是留在京城攀附钻营，苦熬资历，等着成为部门高官，甚至宰执；二是等着外放地方成为地方大员。也只有这两条路，才能让官员们得到真正的实惠。然而通过科举进入官场的官员，大多是脱产专修的学生，对于世间实际情况几乎一窍不通。正所谓“从家门到校门再到部门”的“三门官员”，对执政和治理地方起不到积极作用，最终沦为人浮于事的空心官员。

一面是缺乏真材实料的官员，一面是大批等待安置的空心官员。如何解决?

解决不了问题，就解决制造问题的人。“冷籍”，就是挡住那些没有根基的寒门子弟的一道坎儿。

但是有问题的地方，一定有对策——有“冷籍”的政策，就一定有“改籍”的手段。也就是说，让孩子改籍到有资格的家庭，以他家的名义获得参加科举的资格。这有点儿像今天为了能让孩子上一所好学校，把孩子的户口挂靠到有学区房的家庭。在当时的江南地区，这种操作已经形成了成熟的黑色产业链，只要钱到位，分分钟就能找齐当地教育口的官吏、社会上的中间人、愿意担保的保人，并把事情办妥。

很快，这些中介帮张彭年联系上异地一户张姓家庭。经过商讨，张彭年以“酬以钱二百千”[①]的代价，让张謇入了籍。应该说，这个价格在当时还算公道。尽管这意味着张謇名义上要叫别人爹，但是张彭年不忍心耽误孩子的前程，咬牙答应了下来。

张謇没有辜负老父亲的一番苦心，不仅在平时的学业中成绩遥遥领先，还以高分通过了县试。年轻人不免志得意满，一时放松，在随后的府试中没有发挥出该有的水平，虽然侥幸过关，但是排名垫底。张謇还在暗自庆幸，却遭到了老师劈头盖脸一通训斥：假使有一千人去考，要取九百九十九人，只有一个不取，就是你！张謇听了羞愧难当，在窗户和蚊帐上悬挂“九百九十九”的字条激励自己，每夜必“尽油二盏”方才休息，在当时的学子中传为佳话。凭着这番努力，张謇在接下来的院试中高中第 26 名，正式成了秀才。

但是还没等张謇一家人开心几天，各种敲诈勒索就纷至沓来：挂靠户口的那家主人吸上了鸦片，打着各种旗号要求追加费用，不然就去告官，剥夺张謇的功名。其他好事者听到风声，也纷纷跑来趁火打劫。张彭年一度不堪其扰，央求那位激励过张謇的老师帮忙斡旋，让张謇恢复原籍。却不料这位老师竟然也参与其中，他满脸鄙夷地说：照你这么说，等以后发达了再改不迟。你现在改了，会立刻被剥夺秀才的功名。你一个种田

---

① 在清朝，一枚铜钱即为“一文”，一千文钱即为“一贯”。“二百千”就是“二百贯”，大概可以折算成二百两白银的价值。

人家出了秀才，你以为很容易吗？

但是在众多“吸血鬼”的盘剥下，哪里还有发达的机会？从同治七年（1868 年）到同治十二年（1873 年）这五年间，张彭年半生积蓄已经消耗殆尽，从小康被打回了赤贫。一众“吸血鬼”眼看再也榨不出哪怕一个铜板，就干脆撕下假面具，向当地官府控告张謇一家“冒籍”。当地官吏随即决定拘押张謇，听候发落。

那一年，张謇只有 19 岁。

张謇不吃眼前亏，决定连夜逃到朋友家，然后雇车回老家。当天晚上风雨交加，扑灭了张謇手中的灯笼，“时甫浚城河，缘河泥淖深二三尺，连属不绝，虽雨势稍细，而云黝如墨，立桥下久之……行十余步辄一蹲，足陷泥淖及踝……”

到朋友家不过三里[①]多的路，张謇硬是走了六个小时才到。等到了朋友家，他已经全身湿透，脚底全是泡。

这份仇恨被张謇深深地埋在心里。即便二十年后，张謇依然能想起当时那种愤恨与无奈：“忿火中烧，更不知有何畏怖，亦辄作挟利刃砍仇人头之想。又念父母在，此身事大，不值与鼠头并碎，且自解且行。”

这个雨夜似乎成了张謇一生的写照。此后余生，他还会遭遇许许多多的变局，有预料到的，也有预料不到的。但无论是

① 古代一里路为三百步。——编者注

哪一种，他都会果断地跳出去，找到一条新的路，然后坚定不移地走下去，哪怕满脚泥泞。

张謇的遭遇引起海门当地教育等部门官员的重视。通州知州孙云锦等官员纷纷下场支援，进而将此事一路捅到了江苏学政的耳朵里。

说到这里，你可能会有点儿疑惑，为什么一群在当地位高权重的官员要去帮助一个穷学生？

因为张謇确实才情俱佳、与众不同。一个寒门子弟，置身于一众锦衣华服、自命不凡的公子哥之中，多数人的反应大体有三种：一是自惭形秽，唯唯诺诺；二是打不过就加入，成为公子哥的跟班；三是行为孤僻，离群索居。但是张謇很不一样，他神态自若，不卑不亢，与人为善，且成绩优异，未来可期。

一个官员对张謇的评价很能说明问题。“少年聪隽，性质温美，洵佳士也……乍得读书子弟，州人名为之冷籍，虽身家清白，亦难考试。”

一言蔽之，这个孩子值得帮。于是，在江苏学政的指点下，孙云锦以“张謇已经自行检举冷籍问题”为由，申请礼部从轻发落。礼部核准后，允许张謇“改籍归宗”，不再追究冷籍问题，张謇一家的噩梦才算结束。

放下，天地为之一宽

同治十三年（1874年），在救助张謇过程中起了重要作用的通州知州孙云锦，已经升官去了江宁（今南京），他念及张謇家贫，特意邀请张謇来做自己的幕僚。

这是一份收入颇丰的工作。这年冬天，张謇带着纹银一百两的工资回家，把张彭年夫妇激动得热泪盈眶，随即把一大笔银子供奉在祖宗牌位前，慨叹道："通海乡里老师宿儒，授徒巨室，终岁所得，不过如此。汝何能一出门即得之？"

张謇当幕僚的收获可不只是这笔丰厚的收入，还有孙云锦对他的诸多照拂。孙云锦待张謇如父如友，孙家的两个儿子也和他亲如兄弟。不过最让张謇心动的是，他获得了许多参与地方实务的机会。对于一个没出过远门的年轻人来说，这种历练实在是求之不得，它不是书本中苍白无血的条文，也不是困于民间、只图眼前的"智慧"，而是站在一个有机会、有条件改变现状的领导者的角度去观察社会的契机。年轻人初入社会，第一份工作尤其重要，因为它往往在潜移默化中影响了一个人对社会的理解，甚至决定了一个人对未来人生的期许。张謇逐渐形成了一套经世致用的职业价值观，而那条"实业救国"的道路也在此刻打下了第一块基石。

不过有时候，极致的努力和耀眼的成绩换来的未必是赞赏，也有可能是嫉贤妒能。孙云锦对张謇的器重，以及张謇的才干招来许多同僚的嫉妒。这些人负责实务时百无一能，传谣言、挑毛病却无人能及，这使得原本顺利的工作变得举步维艰，张謇也因此逐渐萌生去意。

1876 年，经过孙云锦的推荐，张謇投入了庆军将领吴长庆的门下，成为幕僚。吴长庆对张謇同样礼遇有加，不仅工资翻倍，从每月十两银子涨到每月二十两银子，还特地在自己的府邸后面给张謇新改了 5 间房。这一年，张謇只有 23 岁。

在晚清的官僚派系中，吴长庆是个另类。他出身于以李鸿章为首的淮系，却长期受湘系的曾国藩、沈葆桢的直接管辖。于是李鸿章对他没感情，曾国藩对他有戒心，倒霉的吴长庆成了一个“两边不靠”的孤军。随着太平天国、捻军等一系列动荡的平息，湘、淮两系内部也开始分化。后期的淮系逐渐沦为买办，受到了外国势力一定的扶持，稳压其他派系一头。湘系不甘失败，联合长于写道德文章的清流党反对李鸿章。张謇也不幸卷入了这个乱局。

之所以说“不幸”，是因为像张謇这样本着“经世致用”之心，想要有一番作为的人，一旦卷入了党争，那么“经谁的世、致谁的用”就成了头等重要的事情了，本党的利益就成了一切是非对错的最高标准。这令张謇非常痛苦，并且这种痛苦在朝鲜“壬午兵变”事件中达到顶点。

1882 年农历六月，朝鲜爆发“壬午兵变”，朝鲜摄政王、号称“大院君”的李昰应策划兵变，焚烧日本公使馆，赶走了日本驻朝鲜公使。日本正愁找不到借口，立即谋划出兵朝鲜，从仁川登陆，直逼汉城（今韩国首都首尔），逼迫朝方赔款并签订新的不平等条约。

朝鲜国王心向大清，通过中国驻朝公使向大清求援。就这样，一场朝鲜政变实际演变成中日两国的较量。作为距离朝鲜最近的一支军队，吴长庆所部被紧急征调入朝作战。而张謇作为吴长庆的机要参谋，工作顿时忙碌了起来，“措置前敌事，手书口说，昼作夜继”。张謇不仅要帮吴长庆处理各种急信，还要负责起草《陈援护朝鲜事宜》和《谕朝鲜檄》。即便已经登上了北洋水师的船开赴朝鲜，张謇也要陪同吴长庆，向朝方代表了解详情。然而了解越多，张謇就越发感到这场仗不好打。

从外部来看，大清作为朝鲜的宗主国，打击的分寸不好拿捏，再加上“反贼”是朝鲜权臣，在朝鲜颇有声望。战火一旦不能快速平息，就会被迫陷入旷日持久的消耗战。

从国内来看，当时曾国藩、沈葆桢相继谢世，吴长庆在朝廷中再也没了靠山，各派势力早就处心积虑地要把这支部队一口吞下，只是缺一个借口。如果这次庆军赢不了，甚至是赢得不够快、不够干净漂亮，都会白白送给各方势力插手的机会。

就在北洋舰队开往朝鲜这不到一天的时间里，张謇协助吴长庆详细询问朝方代表，从朝鲜的政治态势、兵力配置、人心向背、叛军动向、行军路线，一路追问到货币兑换、粮草如何购买等细节。张謇几乎是一字不差地把会谈过程全部记录下来。随即，他不眠不休，制订一份翔实的作战计划：从登陆地点的选择到行军路线的规划，从作战方案到应对意外，从我方的举动到朝方的反应，以及日方可能的干扰，几乎每个细节都做了周密安排，就连这次出兵的大义名分都想好了，就叫“正名”“讨乱”。吴长庆看后不由得击节叫好，立即拍板照准执行。

后续进展果然让张謇一一料准，清军兵不血刃生擒李罡应，仅用四小时就平叛成功。其行动之快，不仅日本没有反应过来，就连清廷也没有反应过来。

事后，张謇并没有停止思考。他已经意识到，平定叛乱只是开始，如何稳固疆域、保护国家利益才是重中之重。在随后的十几天里，他考察朝鲜实况，写成《朝鲜善后六策》：把握士大夫以正民心，破格提拔人才，整顿吏治，裁汰冗员，招募垦荒以丰盈国库，改用新法练兵、坚守险要以固国防。其内容涵盖政治、经济、军事、外交等方面，切中时弊，更加切实可行，博得朝鲜上下一致赞赏。朝鲜国王亦大为折服，赐张謇三品朝服，打算聘张謇来当宾师。

然而当张謇把《朝鲜善后六策》满怀希望地提交给朝廷时，却换来李鸿章的两个字：“多事！”

李鸿章倒不是真的嫌他多事，只是惧其不能为己所用，“多”的不是自己的事。有才之人并不想成为工具，但是在权贵的眼中，却无时无刻不在将其作为工具来衡量。

“壬午之役”是鸦片战争以来，中国难得的一次对外作战的胜利，所以朝廷的封赏格外优厚。除了一等功臣吴长庆，包括坐镇天津的张树声，负责运兵的北洋水师提督丁汝昌，外交官员薛福成、袁世凯、中国驻朝鲜公使，乃至负责后勤的官员，统统加官晋爵。而立下汗马功劳的张謇却不在封赏列表中。倒不是清廷凉薄，而是张謇自己拒绝了。

这真是有点儿“事了拂衣去，深藏身与名”的超然和洒脱了。也有人会认为：这不算什么洒脱，不就是我们今天常见的一种“打卡式的人生观”吗？人生重要的不是结果，而是过程中的体验，没有必要将大把的时间耗费在某一件事情上，做得差不多了，就跳出来尝试做一下其他的事情，这样的人生才丰富多彩。

张謇的人生观与这种“打卡式的人生观”还是有很大区别的。打卡式的人生是一种无序的组合体验，没有一个“道”在背后做支撑。做什么与不做什么只是因为自己的“新鲜感”或者“厌烦感”。

但张謇是有“道”的，他追求的“道”就是“经世致用”。

他之所以拒绝朝鲜国王的邀请，是因为他去了也没什么用，只不过享受了一种待遇而已，做不了什么实事。尽管朝鲜方面对《朝鲜善后六策》很认可，但是清朝方面不想多事，根本就不感兴趣，只想维持现状。所以，他在谢绝朝鲜国王邀请时说：“《六策》如行，虽为朝鲜宾师可也，不然去何益？”

他之所以拒绝朝廷的封赏，不是因为淡泊名利、眼高于顶，而是他不想加入任何阵营，不想成为权力角逐的“凶器”，这与他追求的“经世致用”相去甚远。事实上，张謇在“壬午之役”中展示出的才华，所有人都看得见。年方而立，以秀才之资格、幕僚之身份，却能兼通军、政、外交，这样的青年才俊，如何不让朝野人士瞩目？翁同龢、左宗棠、彭玉麟等一大批当时的名臣纷纷为张謇发声，李鸿章的女婿张佩纶也暗戳戳地替张謇说话。就连斥责他“多事”的李鸿章，也未尝不想把这个青年才俊延揽到自己的麾下，供自己驱驰。但是，继续做一个幕僚，从这个大人的府上转到另一个大人的府上，周旋于朝廷的衮衮诸公之间，根本无法实现自己的理想抱负。

张謇还要继续摸索，以找到一条值得自己付出所有的人生之路。

随后的局势越发崩坏。吴长庆夹在清流和李鸿章之间左右为难，张謇见难有作为，干脆请了长假回老家。两年后，吴长庆病逝，手下幕僚各奔前程，部队被瓜分，将领们忙着分钱粮，连吴长庆的身后事都没人管了。最后还是请长假的张謇听到消息后，回到军营料理吴长庆的后事，算是送了老上级最后一程。

这个事件让张謇对世态炎凉有了更深刻的认识。他曾对友人说：“观人于不得意时，于不得意而忽得意时，于得意而忽不得意时，经此三度，不失其常，庶可为士。”

料理完吴长庆的身后事，张謇回到家乡，着实过上了一段闲云野鹤的日子：进书院读书，修县志，领着父老乡亲种桑养蚕脱贫，抽空帮助老上级孙云锦去查看黄河决堤的灾情，临走前还草拟了一份《疏塞大纲》。那段日子，张謇的生活算得上逍遥自在。唯一美中不足的是，他的科举之路实在不顺，从33岁一直考到40岁，屡试不中。

科举这个坎儿，在张謇心里总也过不去。这可能是全天下有追求的读书人都难以迈过去的坎儿。做生意的人能以赚钱多少来区分生意大小，掌权者能以官职高低来排次序，习武者能以交手胜负来判强弱，唯独文化艺术方面缺乏绝对标准，所谓"文无第一，武无第二"。因此这个世俗的头衔就成了读书人的执念。

就连曾国藩那样的人也对自己"同进士出身"的身份耿耿于怀，感觉矮了真正的进士一头。直到今天，如果我们以读书人自居，也会心心念念想考个硕士学位甚至博士学位，如果不成，总觉得挺遗憾的。

幸运的是，历史到底给了张謇一次机会。1894年，慈禧太后六十大寿，特地增设一次恩科。这一年张謇已经41岁，本来不想再考，奈何已经76岁的张彭年一再恳求："儿试诚苦，但儿年未老，我老而不耄，可更试一回。"

皇天不负苦心人。这一次，张謇的成绩是一甲第一名，也就是传说中的状元。从15岁第一次县试开始，到41岁高中状元，张謇已经在这条路上奔波了 26 年。30 次赶考，累计 168 天的考场煎熬，终于换来了属于他的荣耀。

但是，张謇的高兴劲儿还没过去，就被本章开篇时的那场大雨浇了个透心凉。更让张謇惊讶的是，他这次金榜题名背后，居然还是没能逃脱党争的阴影。翁同龢的“帝党”与李鸿章的“后党”明里暗里都在较劲，后党有兵、有将、有工业，帝党除了道德文章，什么也没有。因此，翁同龢极力想要争取张謇这个稀缺人才，甚至不惜违反纪律，也要助张謇拿下这个状元。

这让张謇大失所望，原本以为不做幕僚，入朝为官就有机会主政一方，按照自己的意志实现抱负，没想到仍是权力斗争的附属品。状元郎萌生了退意。这个万千读书人苦熬一生也未必能得到的荣耀，在张謇的眼中却如敝屣。他在等待一个机会，离开京城这个是非之地，远离党派纷争倾轧，为自己，也为天下读书人寻找一条新路。

我们会觉得张謇的思想颇具进步性。但是如果他早生一百年，估计这种想法根本不会在他的脑中冒出来，他只能感叹几声，无奈地接受这种命运。

张謇是幸运的，他处于一个大变局的时代，这个时代不仅让他敢想，也容许他走出一条完全不同的新路。这就是时代造就了人们的想法，给予进取者想象的空间。

放下，走出去，天地为之一宽。

新路

大魁天下的张謇在京城度过了浑浑噩噩的几个月，忽然听到一个噩耗：父亲张彭年得知儿子考中状元，心中夙愿已了，含笑西去了。按照当时规矩，张謇必须回家守孝三年，这叫作“丁忧”。

亲人离世，自然是人生之大不幸。但从另一个角度看，这未尝不是父亲留给张謇的最后一次机会。这个机会让张謇可以远离京城的是是非非；给了他别样的视角，让他得以从一个旁观者的角度看待这纷扰的乱局；给了他一段冷静的时间，让他可以认真地思考未来的出路。

张謇赋闲在家的这段时间，地方最高长官——两江总督正是张之洞。作为晚清洋务名臣，他自然不能放着这么一位状元郎不闻不问。张之洞三番五次邀请张謇出任各种职务，更是盛情邀请张謇去他开办的汉阳铁厂、汉阳兵工厂参观。这让张謇大开眼界，终于明白“洋人”强盛的秘密。

“世人皆言外洋以商务立国，此皮毛之论也，不知外洋富民强国之本实在于工。讲格致，通化学，用机器，精制造，化粗为精，化少为多，化贱为贵，而后商贾有懋迁之资，有倍蓰之利。”

如今，西方的商品能像潮水一样涌入中国，其背后是强大的工业在支撑。那些廉价的原料，如羽毛、煤油、水泥，一经工业深加工，立刻身价百倍，让西方各国赚得盆满钵满。而今日之中国，要实现赶超，要自立自强，就必须振兴民族工业。在张謇那个时代，中国不缺在朝堂之上弄权的旧官僚，缺的是一个开基立业的民族实业家。

直到那时，张謇终于为他毕生孜孜以求的“经世致用”之道，找到了一个踏实的落脚点。

念及此，张謇立刻决定回乡办厂。张之洞非常高兴，因为日本人通过《马关条约》获得了在中国开厂销货的权利，这给中国的民族经济造成莫大的冲击。张之洞早就想开厂抵制日货了。现在张謇这位状元郎主动请缨，率先垂范，那真是再好不过了。张謇一番思虑之后，最终决定从纺织业开始。

纺织业是个奇妙的行业。它对资金要求有一点儿门槛，但不那么高；对人的技能要求有一点儿门槛，但培训难度不太大。最关键的是，它能带动一系列配套产业。它需要大量棉花原料，就会带动棉花种植；需要机械，就会带动纺织机械的研发生产；需要大量的技工人才，就必定带动相应的职业技术学校发展；成品需要运输，就会带动运输业；这些成品会成为衣服，成为包装，又带动其他相关产业……纺织业就像一根火柴，不仅能点亮一方世界，更能点燃一堆木柴。历史上，点燃英国工业革命的，正是纺织业。

张謇越想越美，越想越兴奋，如果要搞纺织业，自己的家乡南通可谓得天独厚。当地所产棉花，“力韧丝长，冠绝亚洲”，一定不愁销路。

然而，张謇和这世间所有的创业者一样，只看到了美好的前景，却完全没有意识到自己踩进了多大的一个坑。历史叹息着对他说，在商界，你还是个新丁。

张謇请到了 6 个股东：3 个上海买办商人，3 个南通本地股东。大家商定："沪董"出资四十万两白银作为启动资金，"通董"在南通本地找地皮、招员工、开工生产。一句话，沪董出钱，通董出地。通董的效率很高，很快就找到一大块既便宜又靠近长江航道的宝地，只等沪董的资金到位，厂子就能启动了，可是沪董的钱却迟迟不见踪影。

原来，当时"上海纱市败坏"，让这些沪董心里直犯嘀咕：那些财大气粗的人尚且束手无策，这些"穷人"能办成吗？但同时又担心：万一这些人成了，自己岂不是要踏空？他们既想占着股东的位子，又不想出钱担风险，于是装出一副财大气粗的样子，表示四十万两白银随随便便就能拿出来！可一到真出钱的时候，就百般推诿搪塞。

正在僵持时，江宁官府听到张謇要办厂，就主动询问能不能让官方以机器入股。张謇当然非常欢迎，能省下一大笔买机器的钱，还多个能分担风险的靠山，何乐而不为？但是 3 位沪董又出来阻挠。他们借口"官股介入必然干预经营，商人话语权不保"，硬是搅黄了这次合作。张謇忍无可忍，下定决心将这几位沪董踢出局，果断地接受江宁官府的机器设备，走上了一条官商合办的路。

然而对于商场新人来说，从商的这条路是“坑坑不息”的。等张謇拿到机器后才发觉上当了。这批机器是当年张之洞买来办厂的。可惜机器刚到上海，张之洞就调任了。这批机器就这么堆放在上海码头，任凭日晒雨淋，早就变得破旧不堪了。继任的刘坤一急于脱手，就哄骗张謇说拿机器入股。老实的张謇没想到堂堂督抚还能坑人，就痛痛快快地付了银子。等机器到手之后，张謇才发现“官机，绒辊，皮带，绳索，筒管之类，朽腐损坏，十居七八”，不光没省钱，反而白白花了不少维修费。

破烂机器一脱手，刘坤一就再也不露面了，任凭张謇写信请求、恳求、乞求，乃至哀求，刘坤一就是装聋作哑，不予理睬。被张謇逼得急了，刘坤一就把皮球踢给通州知州汪树棠。而汪树棠是和张謇有仇的。当初张謇支持百姓抗议官府乱收税，断了汪树棠的财路。他正愁找不到机会报复，这次撞在自己手里，正好报仇。

汪树棠以“为纱厂筹集资金”为由，举着纱厂的招牌，打着张謇的名号，搜刮民财，强行摊派，逼迫乡绅出钱，克扣百姓的福利专款，闹得当地鸡犬不宁，群情激愤。张謇还没明白是怎么回事，就把当地各个阶层的人得罪了个遍。他迫不得已，只得赶紧出面解释，宣布中止集资。

张謇真是到了山穷水尽的地步：预想中的纱厂还没有投产，

就已经巨亏数万。此刻的状元郎已经过上了今天“卡奴”一样的生活：每天睁眼第一件事，就是计算一下还有多少债要还。无奈之下，张謇抱着一线希望再赴上海宣传，希望能有明智的投资者入股，却屡屡碰壁，一无所获。有好几次困窘到连回程的路费都没有，堂堂状元郎只好凭着过硬的书法功夫摆地摊卖字，才凑齐了回家的路费。

这一幕幕的艰辛像极了 19 岁那年的雨夜，只是更加风雨如晦、满脚泥泞。“一个人到了危险的境遇，还是要打掉牙和血吞，还不能去摸肚子。”

汪树棠目睹张謇的惨状，颇有点儿大仇得报的快意，心满意足地向刘坤一汇报，说张謇办厂“不合舆情”。

刘坤一对汪树棠的陷害行径非常不满。他只是想利用张謇解决那批破烂设备而已，并没有想过要彻底毁了张謇。他专门写信给张謇，细陈汪树棠背后的勾当，叮嘱张謇多加防范。张謇弄清楚事情的原委之后，开始耐心地向民众解释纱厂存在的意义，以此消除由汪树棠在当地造成的不良影响，逐渐赢得了父老乡亲的理解。他们拿出自己的真金白银向张謇投资：一位杂货铺老板拿出二十块银元来投资，还有一位老奶奶拿出自己仅有的六块银元来投资。张謇郑重其事地一一收下，登记股金。

当地民众的信任与支持让张謇幡然醒悟：为什么一定要争取上海的投资？

最初，他认为上海财阀有钱、有人脉，可以为纱厂提供销路，但他现在想通了：南通本地就没有销路吗？南通地区不仅是优质的棉花产地，更是手工纺织业发达的地区，清朝初年，南通纱布就能远销异地。到了清末，光是在 1895 年这一年，每日可销洋纱 20 大包，“已和机纱一万锭之数”。1897 年，已经到了每日 80 大包、相当于一座 4 万锭纱厂的日产量，年销售价值约 200 万银元。有这么旺盛的需求，何必向外求？

一旦打开了这个思路，许多问题都迎刃而解：收购南通本地的棉花织布，服务于本地布匹需要。用今天的话说就是“内循环”。本地取材、本地生产、本地销售，物流成本和销售成本都被压缩到最低，如此循环往复，生生不息。本地许多精明的布商也看透了其中的关窍，纷纷主动要求投资入股。张謇奔波许久、受尽屈辱也没能争取到的启动资金，就这样拿到了。

1899 年，大生纱厂终于开工。从 1895 年立项开始，已经过去了整整四年。生火发电之际，张謇整肃衣冠，庄重地朝着机器三叩首。四年来的艰辛，终于有了结果。就在开业的当年，大生纱厂的机织布对外销售量就达到 10 万件，占通海地区销量的 70% 以上。

销路一好，就需要扩大生产，就需要更多的工人。在西欧的工业革命中，贵族靠“圈地运动”赶走自耕农，逼迫他们成为“一无所有，自由出卖劳动力”的纯粹工人。但是张謇走上了另一条路，大生纱厂的工人都来自附近的农家，他们“亦工亦农，工耕结合”，农忙时放假，农闲时进厂。这种看似不稳定、不专业的做法，反而让工人们极具归属感和忠诚度。即便是大生纱厂开出的工资比同时期上海其他地方低 10%~20%，当地工人也更乐意在大生纱厂工作。“农民十分珍惜和留恋自己小生产者的地位，只要有利于继续维持个体经营，他们不会因为对低工资的不满而放弃在大生纱厂的工作。”

当然，一个产业想要更进一步发展，只有散工是不够的，还需要大量的专业人才。很多创业者首先会想到去高薪挖人，但是张謇虑及长远，下定决心自己培养，而且一定要培养出“学必期于用，用必适于地”的人才。通俗点儿说，要学以致用，而且是在当地就能发挥作用的人才。张謇以大生纱厂起家，那么职业教育就从纺织专业开始。1912 年，他创立了国内第一所纺织专业学校——南通纺织专门学校。在这里求学的孩子们非常明确地知道，只要自己好好学，就一定能进入当地最大、最红火的企业，得到一份体面的工作，赚得一笔丰厚的薪水，过上幸福富足的生活，所以他们个个干劲十足，心态平和。

张謇的一番苦心很快获得了回报。1921 年，当大生纱厂第三厂设备升级改造时，纺织学校的毕业生们不劳国外专家大驾，依靠自己学到的知识技能独立完成全部新机器的安装和调试。一次试车，一遍成功。张謇叹道：纺织学生居然替我省了钱，又争了气，岂非天助？

其实哪有什么天助，都是人自己成全自己。

之后，随着张謇的事业越做越大，这所学校又顺应需求，陆续开设了纺织工程、丝织、电工、机械、染色实习所。1915年，为了配合沿海的棉田农垦，张謇又创立了河海工程专门学校，专门培养水利工程人才。

张謇并没有忘记女性群体。他开设女工系列传习所和讲习所，专门为女性劳动者谋求出路。对于那些不能全日制读书的农村家庭妇女，张謇开设了短期教育课程，还为她们提供兼职的机会。就拿编制发网来说，在当时，发网是西洋女子出行时的时尚装饰品，需求量很大。中国单是这一项的出口，每年就能创汇 420 万银元。即便把生产、运输、销售、运营等成本加在一起，也只占创收的三分之一，利润相当丰厚。更重要的是，发网制法简单、工艺成熟，不需要大场地、大机械，非常适合女性参与。为了提升本地女子的竞争力，张謇特地从外地高薪聘请手艺精湛的技师到传习所讲课，手把手地教授本地妇女编制发网。学成之后，技术熟练的女子“日可成二十四只”。所有成品由传习所收购，所获利润也几乎全部用于给女工们发工资。由此，这些女工“工资可五百文”。这对于当时的女子来说，是一份相当体面的收入。眼看这条路行得通，张謇再接再厉，开办了刺绣、蚕桑、编杞柳、保姆等专业短期教育课程，让尽可能多的妇女有机会参与社会劳动，去换取属于自己的富足、有尊严的生活。

张謇留给后世最清晰的背影是“实业家”，但是许多人把他窄化成“企业家”，似乎他的主要阵地就是企业，只要盈利就是好样的，甚至是唯一正确的。“实业家”与“企业家”最根本的区别在于，张謇一直追求的是“社会企业”，是“就地所宜之实业”。做企业固然要追求企业本身的经济利益，但张謇最根本的目标是扩大当地的社会利益。不是为了让企业成为雄踞经济中心的跨国大公司，去当世界利益的收割者，而是“让利益流回本地，把收益留在本地”，成为当地经济繁荣的发动机。

实现了“教育—实业”的联动，赚得丰厚利润后，张謇就开始主动回馈社会。他调动各种社会力量，陆续在通海地区设立了残废院、育婴堂、养老院、公用医院、盲哑学校、贫民学校、栖流所、模范监狱、图书馆、气象台、伶工学社、更俗剧场、公园、公共体育场、通州师范学校、博物馆、印书馆、环城公路等项目。曾经穷山恶水的南通，被打造成当时首屈一指的“花园城市”。

假如你是一位生活在当时南通的上班族，你可以在下班之后去逛逛南通的公园，节假日可以去参观一下 1905 年建成的中国人独立创办的第一座公共博物馆——南通博物苑。如果你爱看书，可以去 1912 年建成的南通市图书馆，那里有张謇收藏的 8 万多卷图书和征集来的 13 万卷书。如果你爱看戏，则可以去现代化的大剧院——更俗剧场里听各种地方戏。在

1921年这一年里，你将有幸欣赏京剧大师梅兰芳连续11场演出。

在两院院士、建筑学界泰斗吴良镛老先生看来："南通是中国早期现代化的产物，它不同于租界、商埠或列强占领下发展起来的城市，是中国人基于中国理念，比较自觉地、有一定创造性地，较为全面地规划、建设、经营的第一个有代表性的城市。"

这句话中，最值得关注的是"中国人基于中国理念"，在那个言必称西方的时代，只有拥有莫大勇气的人，才敢于真正跳出别人强加的思想，走出一条属于自己的路。

张謇正是这样的人。

失败的英雄

胡适曾说："张季直（张謇）先生在近代中国史上是一个很伟大的失败的英雄。"说他是英雄，因为"他独立开辟了无数新路，做了三十年的开路先锋，养活了几百万人，造福于一方，而影响及于全国"，而他的失败，则因为"他开辟的路子太多，担负的事业过于伟大，他不能不抱着许多未完的志愿而死"。

这个评价甚至得到了张謇之子张孝若的共鸣："他生平志事没有实现的，何止百分之八九十，只遗留了许多实地测验的具体计划。数十年来，他想办地方普及教育和民兵制度，没有成功；他想办通海一带大电力厂、大纺织印染厂，没有成功；他想垦辟沿海几百万亩[①]的荒田，没有成功；他想疏治淮、运、江、湖、松、辽诸水道，没有成功；他想实现棉铁政策、改革盐法和划一度量衡，没有成功。”

“没有成功，不是失败吗？”

没有成功，真的就是失败吗？那当初张謇做成了哪些事，何以成功？哪些事失败了，又何以失败呢？

在熬过最初几年的困难期后，大生纱厂进入了长达十年的黄金期。1917 年，工厂赚了二十六万两白银，1919 年赚了二百六十三万两。滚滚而来的利润点燃了张謇扩张的信心。

为扩大产能，张謇一口气扩建了八个厂，为了供应原料，他兴办了 20 多家盐垦公司建棉花基地，累计投资超过两千万银元，垦地超过 450 万亩。产品太多就需要运力，张謇又筹建轮船公司、货栈，自购江轮 7 艘。为了资金需要，他还开设了淮海实业银行。此外，他建立纸厂、火柴厂、旅馆、药店、玻璃厂……总之，需要什么，张謇就筹建什么公司。

1912—1921 年，张謇的事业已经不只是“风生水起”，而应该用“要风得风，要雨得雨”来形容了。

但是请注意这个时间段。1914 年一战爆发，1918 年一战

---

① 1 亩约为 667 平方米。——编者注

结束。这个时段，恰与张謇崛起，乃至全体中国商人崛起的时段完美重合。这并非巧合，而是列强用来冲击中国政治秩序的军队走了，用来冲击中国经济秩序的资金走了，它们被扔到欧洲战场上拼消耗，无暇顾及中国，让中国得到了近代难得的“和平红利”。但是那些身处其中的人觉察不到，意识不到自己正在享受时代红利、国家红利、平台红利，而把这一切视为理所当然，把一切成就视作个人努力的结果，乐观地认定这一切都会永远地持续下去。只有当失去这一切的时候，他们才知道自己曾经拥有的何等可贵。

只可惜意识到时，一切为时已晚。

很遗憾，张謇也未能免俗。1919 年巴黎和会召开时，正是张謇事业的巅峰期。那时候，没有人知道巴黎和会就是列强重返亚洲的前奏。1920 年直皖战争爆发时，也没人想到这会是后来一连串列强操纵下的代理人混战的号角。和平即将逝去，恶魔将要换副面孔回归，往日的一切顺遂都将不再。

覆巢之下，没有完卵。张謇苦心经营的南通商业也不例外。原来流畅的运营被变幻的军旗撕得粉碎，持续成功也冲昏了张謇的头脑，让他失去了曾经的冷静与稳健。他像个输了钱的赌徒一样，不断从母公司抽血给亏损公司输血，期待着这次能像以往一样翻盘。然而，他却看不到列强躲在暗处，当它们挥舞着偏袒的政策、先进的技术、充沛的现金、带路的买办……重新杀回来时，张謇引以为傲的事业顿时不堪一击。

1922年，张謇开垦的棉田屡屡遭遇风潮大灾，变成现金无底洞。他不得已，把大生纱厂作价七十万两白银抵押出去，它成为倒下的第一块骨牌。母公司的业务遭到外企暗中狙击而难以为继。股东们失去了耐心，每天聚拢在张謇的办公室里，向这位已经年过七旬的老者发难。为了救急，张謇不得不用上了饮鸩止渴的办法——向外资贷款。或许他已经知道这是外资套在他颈子上的绞索，但他还能有什么办法呢？

而对于外资来说，张謇这点儿产业不过是第一步，他们在意的是抢占中国的经济霸权。张謇的背后没有一个强大的国家，所以他个人本事再大，也无力回天。

大生纱厂勉强维持到1925年，债务已经高达九百多万两白银，占资本总额的258.89%。用今天的话说，就是“资不抵债”。这年7月，来自上海的银行和钱庄收购了大生纱厂的一切资产，留给张謇的只有一个董事长的虚名。

张謇在困苦中获得成功，却在成功中走向失败。

尾声 不与草木同腐

失去了一切的张謇依旧保持着曾经的豁达。有一次，他在上海偶遇原江苏都督程德全，两人都是花白头发，垂垂老矣。程德全摇头叹息：天下哪一件是我的？张謇却不以为然，洒脱地回答：督帅，天下哪件不是我的？

人生的得失成败、功过荣辱，不过是过眼云烟。但若找到了属于自己的“道”，一生所为之事无论成败，便都有了灵魂，而不至于白来人间一趟。正如张謇的自勉：“天之生人也，与草木无异，若遗留一二有用事业，与草木同生，即不与草木同腐。”

民国十五年（1926 年）夏，一进农历六月就开始炎热难当，时年 73 岁高龄的张謇彻夜难眠。家人劝他到山间避暑，可他还有太多的事情要做：要去看看自己创办的各种职业学校，开设的博物馆、图书馆，还有他一直关心的水利工程。

二十三日清晨，张謇突然感觉胸口发闷、手脚畏寒，不到中午就开始发起烧来。在服下一帖药后，他难得地睡了一个好觉。第二天一早，张謇就按约定去视察江堤。家人劝他别去，他却拎起手杖，扣上草帽，轻松地说：“小病小痛，不碍，不碍，走吧！”

那天，张謇和工程师们冒着暑气江风，察看了十多里江堤，找出了几处隐患，还计划筹集石料加固江堤。不料短短 3 天后，张謇的病情突然开始恶化，坚持到二十九日便再也支撑不住。张孝若立即回家把张謇送到上海的医院，医生诊断为心力衰竭，已无力回天，只能静养维持。就这样一直静养到了农历七月十四日，张謇恢复了一点儿精神，想向家人讨要纸笔。家人百般规劝他不要劳心费神，他才勉强躺下休息。然而刚过中午，张謇的病情就急剧恶化，医生诊治之后，只是默默地摇了摇头。七月十七日清晨，当第一缕曙光照耀大地时，张謇溘然长逝。

他留给这个世界的最后一句话是："小病小痛，不碍，不碍，走吧。"

第三章

杨度

破茧的探路者

一片树林里分出两条路，

而我选了人迹更少的一条，从此决定了我一生的道路。

——罗伯特·弗罗斯特，《未选择的路》

引子

1897 年，时年 24 岁的梁启超突然收到了一封拜帖。

此刻的梁启超已经名满天下。就在两年前，他和康有为一起领导著名的“公车上书”，成了维新派心中的意见领袖。第二年，他又在上海创立了《时务报》，并担任主笔，宣传维新，倡导变法，介绍西学。这不仅让他名声大噪，更让《时务报》成了当时最有影响力的刊物之一，连许多省长级别的高官也成了铁杆读者。其中就有时任湖南巡抚的陈宝箴。此时的湖南，聚集着谭嗣同、熊希龄等众多革新派，一派革新气象。在官民合力的推动下，长沙“时务学堂”破茧而出，成为推广“新学”的基地。梁启超当仁不让，成为众人心目中总教习的不二人选。

当收到这份拜帖的时候，梁启超还以为是哪位热心粉丝来见偶像，兴冲冲地出来相见。眼前这位士子叫杨承瓒，字哲子，18 岁就中了举人。这可是相当了不起的事情，按当时科举的平均年龄，中秀才一般是 24 岁，举人约为 30 岁，可眼前这位中举时比常人中秀才的年龄还小，足见学识不凡。

一番交谈之后，梁启超才知道，原来眼前这位年轻士子当年也是参加过“公车上书”的好汉。这让梁启超更加兴奋，越发笃定这是崇拜者来见偶像的。

但是说着说着，梁启超就发现不对劲了：这位不是来见偶像的，而是来踢馆的！

原来，这位杨晳子对时务学堂开设《春秋》课程的内容表示不满。他引经据典地发起攻击，而且言辞犀利，句句直指要害。梁启超虽然仓促应战，陷入被动，但好歹有未满 17 岁就中举的硬功夫。见对方国学功底深厚，梁启超赶紧打起十二分的精神应对。双方唇枪舌剑，从上午一直辩论到傍晚，谁也没能说服对方。但杨晳子在日记中写到梁启超“初犹肆辩，后乃遁词”，如果自己再接再厉，一定能战胜他。于是杨晳子潇洒起身，约定改天再战。

几天后，杨晳子再次来到时务学堂约战，却听说梁启超突发疟疾，跑到上海治病去了。

杨晳子心中得意，觉得梁启超一定是畏惧自己的辩才而潜逃了。自己这番壮举，简直就是“诸葛亮骂死王朗”的翻版啊！带着五分得意和五分英雄相惜，他把这份战果写进了自己的日记里：梁启超“年少才美，乃以《春秋》骗钱，可惜，可惜”。

杨晳子没有想到的是，梁启超后来的各种记述中，完全没有这次辩论的影子，因为梁启超根本没把这次辩论当回事。

杨晳子更没想到的是，这只是他和梁启超恩怨的开始。在未来的岁月中，他们俩会忽敌忽友，纠缠不清。

最让他没有想到的是，他引以为傲的一身才学，竟会让他在未来的人生路上走入歧途，留下千古骂名，以至于他的女儿说："人们常说'盖棺论定'，我的父亲却在坟墓三迁之后，才有了定论。"

这位杨晳子，就是杨度。

信息茧房

在帝王时代的中国，一个平民想要发迹，实现阶层跃升，基本只有三个途径：第一是读书考科举，进入士绅行列，这是整个社会公认的"正途"；第二是花大钱捐官买身份，但相比正规科举出身的人，终究矮了半截；第三是参军立军功，进入武将序列。

前两个虽然难，但最坏的结果也不过是成为孔乙己。而从军完全就是在赌运气，参战大概率会死，但不参战就一定没有军功。杨度的祖父就是参加了曾国藩的湘军，最后战死沙场。朝廷念及他有功，让其长子杨瑞生继承了官职。

杨瑞生是个优秀的军人，作战勇猛且足智多谋，后来升任了总兵，镇守一方。杨家原本兄弟四人，老二老三早夭，只剩下大哥杨瑞生和四弟杨懿生相依为命。杨四弟和大哥正好相反，文采出众却体弱多病。杨大哥体恤四弟，帮他在曾国荃手下谋了一个钱多事少的文书工作。可惜天不假年，杨四弟还是年纪轻轻就去世了，只剩下一个寡妻和三个孩子。其中的一个儿子就是杨度。

杨度继承了父亲的天分，从小就学识出众，过目不忘。那时候杨瑞生自己还没有孩子，将杨度视如己出，不仅出钱请私教给三个孩子上课，还经常拿着杨度的诗文去请大儒名士品评。有一回，杨度按大伯的要求写了一首送别诗，全文一百多句。一位当地大儒圈点之后，赞叹“慷爽激越”，有苏东坡的范儿。杨度才子之名，从此在四里八乡传开。

这样的好苗子不去参加科举就亏了。杨瑞生也想借此机会让杨家从武将世家变成书香门第，于是开始张罗杨度的科举规划。

清朝科举清规戒律极多，就像前文说过的张謇的“冷籍”限制。但那只是对付普通百姓的，官宦世家不但不受限制，还有捷径可走。在清朝，严格按照流程通过所有考试的做法叫“正途”，而官宦世家的子弟还有“异途”可以走。最典型的做法就是进入国子监读书，学成毕业之后就成了“国子监肄业生”，简称“监生”。他们不用参加秀才考试就能获得“秀才同等学力”，直接就能考举人。后来，这些子弟干脆连国子监都不去了，只要捐点儿钱就能获得秀才的头衔了。

到了考举人这一环节，杨度依然有捷径可以走。大伯经过一番运作，把杨度安排到了录取名额比较宽松的顺天府[①]去考，杨度果然不负众望，高中第五十五名。这一年，他年仅 18 岁。在众人的一致夸赞中，杨度自然志得意满，目空一切。

当然，杨度并非浪得虚名，反而很有真才实学。这番学识主要来自他的授业恩师王闿运。

王闿运是晚清时代的奇人。论地位，他曾与晚清四大名臣曾、胡、左、李平辈论交；论才学，他是当时有名的经学大师、史学大师、文学大师；论江湖地位，他曾经主持成都尊经书院、长沙思贤讲舍、衡阳船山书院和南昌江西大学堂，一生的弟子加起来多达数千人。“戊戌六君子”中的杨锐、刘光第，以及书画家齐白石都是他的学生。杨度更是他的得意门生，一度被王闿运当作继承衣钵的不二人选。

但在王闿运看来，自己压箱底的绝学不是那些经史子集，而是“帝王之术”。这听起来非常神秘和“高大上”，其实就是苏秦、张仪等人的桥段：找一个能识人、说了算的强势君主，靠着自己的三寸不烂之舌讲几个寓言故事赢得他们的信任，由此获得大权，实现自己的政治抱负。或者干脆躲在帝王背后出谋划策，然后天下大治。

一言蔽之，辅非常之人，成帝王之业，立不世之功。

---

① 顺天府，今北京。

不过王老师自己的水平不怎么样。坊间传说，当年曾国藩主持对太平天国运动的镇压，一度掌握了江南四省的军政大权。这四省是清朝的财税中心，相当于曾国藩已经掐住了清朝的经济命脉。临近最后胜利时，王闿运对曾国藩说："将军拥强兵，操重器，宜先除太平军，后整饬湘军，缀甲厉兵，伺机灭亲兵，取天下而代之。今天下多事，机不可失，此事唯将军能为，何乐而不为？"曾国藩吓得面如土色，赶紧找个借口把王闿运打发了事。

帝王之术的本质是"审时度势"：对天下局势要透彻理解，对未来趋势要清晰把握，提出的方略要合理可行。但是王闿运始终没有参透这一点，反而认为曾国藩不是真正的"明主"，甚至觉得苏秦、张仪"找明主"的策略段位太低，应该学姜子牙、诸葛亮那种高段位，让"明主"主动来找才行。如何让"明主"知道自己呢？那就必须不走寻常路，有一些狂放不羁的行为，用今天的话说就是"装酷"。

在王闿运的言传身教下，杨度把这一套炒作自己的本事学得滚瓜烂熟，经常自命"山中宰相"。尤其是轻松中了举人之后，他更加狂放，"有揽辔澄清之志，惟高视阔步，有狂士风"。

王闿运对他寄予厚望，表示：皙子，以你之才，日后是大有可为的，你要好自为之。

这一时期的杨度，生命充满了捷径：位高权重的伯父帮他避开了惨烈的拼杀；名满天下的老师教他如何避开底层历练，一步登天。这条“从家门到校门再到部门”的路线看起来非常令人艳羡，脚不沾地就完成了别人耗尽一生也未必能完成的事，获得一个极高的人生起点。但是“脚不沾地”的另一面，却是“不接地气”。少了底层的磨炼，就意味着接触的一切只是薄薄的书中记录，体味不到生命的厚重，由此做出的一切思考与决策都源自脑中想象，不是真实的人间疾苦。

“生命中的一切馈赠，都已在暗中标好了价格。”

年轻的杨度自然体会不到这句话的分量，只把眼下拥有的捷径看作理所应当，在捷径织就的茧房中继续沉沦。

很快，考验就来了。

在和梁启超论战之后，杨度志得意满，准备再次赴京考进士。这一次，他将要面对八股文的严格考验，无论是神通广大的伯父还是名满天下的老师，都帮不上忙了。

今天一说起八股文，人们的反应大多是“僵化”“保守”“钳制思想”等，因为它的选题一定是从“四书”中摘取的，文章结构也必须死板地分成八个部分，诸如此类。

许多年后，一个叫斯蒂芬·平克的认知科学家总结说，写作之难，在于把网状的思维，用树状结构，展现在线性展开的语句里。人们为了解决这个困难，发明了许多固定的写作套路。比如今天商业叙事中的SCQA（情景、冲突、疑问、答案）、小说影视编剧常用的“英雄之旅”等。从这个角度说，八股文不过是一套结构化的思考和写作工具而已。照着做不一定能得高分，但把文章写得有逻辑、有条理是没问题的。

八股文的第一部分叫“破题”，也就是用一两句把作者对于题目的理解说出来，是赞成，是反对，还是另有想法，将其作为一篇文章的中心主旨呈现出来。

第二部分叫“承题”，是对破题的主旨加以引申说明，为什么赞成，为什么反对，为什么这样理解，使破题的意义更加明白、完整。

第三部分叫“起讲”。起讲要扼住整篇文章的纲领，升华文章主旨。为此，作者往往要拉名人做背书，引一番“子曰”，以佐证自己的观点，提升文章的档次。

第四部分叫“入题”，多半是个过渡句，承上启下，引出文章的主体部分。

主体部分才是真正的“八股”。这部分必须写成对联式的两两相对的格式——“八股”的“股”，本来就是大腿的意思。大腿两两相对，文章结构也必须成对才显得工整严谨。

主体的第一部分叫“起股”，开始议论，要求既要点题，又不能说尽，“贵虚而不贵实，贵短而不贵长”，给后面的拔高留下余地。

第二部分叫“中股”，这里是全文重点，要详细阐发个人见解。

第三部分叫“后股”，补充中股，力求把话说透、说尽。

第四部分叫“束股”，要回应开头，用一两句非常提气的金句收尾，对全文进行总结。这也是最考验考生功力的地方。

到此，一篇结构严谨、思路清晰、逻辑顺畅、首尾照应、说服力强的八股文就完成了。

由此可见，八股文其实就是中国传统行文结构“起承转合”的丰富和完善。它作为一种帮助整理思绪、形成结构化思考习惯的工具，并没有什么不妥。真正的问题在于官府夸大了它的作用，把它当作阶层跨越的唯一途径，逼迫一国精英把一生最美好的时光全部投入了一个脱离实际的工作中。更要命的是，在正式的考试中，考官们阅卷的第一步不是看内容好不好，而是先看格式是否达标，不达标的直接剔除。用今天的话说，就是“程序公平”压倒了“结果公平”，任你的内容再怎么具有真知灼见也没用。

单一的途径导致极度的“内卷”，极度的“内卷”倒逼严苛的规则，严苛的规则催生变态的应对。

经过明清两朝学子的钻研，八股文的行文难度已经“内卷”到常人难以企及的高度。光是开篇的“破题”部分，学子们就研究出了明破、暗破、顺破、逆破、正破、反破、分破、对破种种写法，更不要说后面的主体部分。一个合格的科举考生往往需要数年的艰苦训练才能掌握。到这里，科举的实质已经成了统治阶级和社会精英的合谋。统治阶级用高官厚禄、福荫子孙的方式“贿赂”社会精英，而社会精英用社会流动性来回报统治阶级。阶层固然固化，但阶层中的人却是流动的。没有什么超级家族可以长期霸占社会资源，长成尾大不掉的巨兽威胁统治。这才有了“君子之泽，五世而斩”的说法。

但是，这种阶层流通必须是可控且相对公平的。用“四书”出题，是因为全天下的读书人都能读到“四书”，用“八股”取士，是因为格式对所有人要求一致。内容高下见仁见智，但格式是否正确却一目了然。

单一的内容，单一的评判标准，成了统治阶级把守的关隘。一夫当关万夫莫开，总比晋升渠道多样、评判标准不一更容易把控。

就这样，中国古代知识分子被帝王的奖励系统驯化成了以脱离底层、脱离劳动为志向的考试机器，而他们回报帝王的是超级“内卷”、淘汰惨烈的阶层流动。所有的社会才智被消耗在一个狭隘的领域内，再也不会诞生张仲景，再也不会诞生徐霞客，宋应星成为孤例，绝大多数知识分子以“两脚不沾地，双手不沾泥”为荣。

我们承认人民群众是历史的缔造者，但是也必须看到，精英知识分子的价值取向在极大地影响着一国的前途和命运。

杨度在这场惨烈的“内卷”和淘汰中败下阵来。几轮考试过后，他的行文格式没有一篇合格的，名落孙山是必然结果。杨度非常沮丧，只好安慰自己说，这是考官有眼无珠，自己只不过是“不遇良时”罢了。但是对于自己的政治才能，杨度还是非常自信的，“余诚不足为帝王师，然有王者起，必来取法”。

回程时，杨度途经伯父的辖区。在那里，他第一次见识到了电报的威力。之前他深受王闿运的影响，觉得电报之类的西洋玩意儿都是“荒谬绝伦”的，“徒以摇动人心”。然而此刻，他却真切地感受到了西洋科技的威力——人在千里之外，就能知道北京发生的一切：百日维新失败了，慈禧太后垂帘听政了，开始追杀康有为了。就从那一刻起，王闿运在他身上布置的厚厚的茧房，悄悄地撕开了一个口子。

在回家的途中，杨度买下几十本关于西学的书。回到湖南老家后，他开始醉心西学。翻译书看得不过瘾了，他就找来原版书。看不懂英文，他就开始从字母表自学。买不到西式钢笔，他就用毛笔练习写字母。而他花精力最多的是数理化，有搞不懂的就到处拜师求学，亲手推演解题。越是难题，越能让他感受到“其理玄邃，不可思议矣”，于是他开始更加卖力地研究西学。就在这潜移默化中，杨度和他的老师王闿运渐行渐远。

寻路天涯

杨度醉心西学，遭到了母亲和老师的一致反对。

在王闿运看来，杨度为西学所害，所作所为、所思所想已经开始离经叛道。不然为什么这孩子从前对自己言听计从，现在竟然敢于跟自己争辩了？“杨生力辩哓哓，余不觉斥数甚厉。”

而在母亲看来，杨度是全家逆天改命的希望。他距离科举登顶、光宗耀祖不过一步之遥，怎么可以沉迷于这些“闲书”？于是她忍不住经常斥责杨度。可怜杨度研究了多年苏秦、张仪，还没得到他们的荣耀，先得到了他们的屈辱。

然而思想一旦打开，就再也回不到从前。杨度此刻视野已开，已经不再是那个躲在封闭体系里孤芳自赏的隐士了。当时清末新政已开，废八股、改科举、办新学、倡游学已经蔚然成风，科举取士眼见末路。就在短短的 3 年后，袁世凯联合 6 位督抚上书，要求废除科举，当天就获得了朝廷批准。至此，在中国延续了一千多年的科举取士制度画上了句号。试想，假如当时杨度屈从了母亲和王闿运的压力，他会遭遇怎样的命运呢？如果杨度真的由此沦落成了孔乙己，母亲和王闿运会为此负责吗？

当老路走不通时，新路在哪里呢？过去几年的经历让杨度放弃了从政的幻想，他要为自己找到一条新的出路。他想：各省新学如雨后春笋，必然缺乏懂西学的人。那什么人才是真正懂西学的呢？无疑是真去留过学、亲眼看过西方的人。此刻也是留学的最佳时机：官府鼓励青年留学，官派生获得文凭，通过考核，和进士同等待遇；自费留学“回华后复试相符，亦按其等第作为进士举贡”。更重要的是，这时候留学还没成为风气。就在刚过去的 1901 年，偌大的中国赴日留学的只不过

280 人而已，大部分懵懂的学子还在观望中。留学市场正是一片蓝海。

1902 年，湖南官派 12 人赴日留学，学习内容正是杨度关注的教育。杨度不顾母亲和王闿运的劝阻，上书当时湖南巡抚，一定要抢下一个自费生的名额：我听说政府派遣留学生赴日，学习教育方法，为国家培养人才。我非常高兴，愿意自筹资金，不花费国家一个铜板，跟着他们一起学。

真正打动官员的是他在这之后写的一句话："期于日本兴学自强之故，有所窥见，再行酌量游历各学校、院厂等处，以广见闻。"这句话就很彰显格局了。很多人去留学，看中的是当时这个海归学历可以作为进士举贡，但杨度说他要去游历各学校、院厂以洞悉日本自强之根本，并且愿意自费。这种不凡的眼界和真诚的态度实在让人难以拒绝。

杨度的真诚换来了一次宝贵的机会。这年 4 月，他跟随官派生队伍，出长沙，沿长江抵上海，换海轮渡海到横滨，转火车至东京，进入弘文学院求学。

弘文学院在中国近代史上赫赫有名。它是日本为了培养中国留学生量身定制的，中国许多耳熟能详的名人都在这里学习过，如鲁迅、陈天华、黄兴、杨昌济、胡汉民等。

作为自费生，杨度没资格住校，连听课也只能"附于湖南诸省，别为旁听一班"。但杨度的勤奋却是有目共睹的。他的同学胡汉民就说，杨度"以勤学著称"。同时，杨度兑现了自己的承诺，在校园学习之余，他还跑到一些高等工业学校，请教那里的老师如何发展国家工业，如何搞好中国的实业教育。不仅如此，他还跑到华族女学校，请教那里的女教育专家如何兴办中国女学，发展中国的基础教育。顺便说一句，这所学校就是日后秋瑾赴日留学时进入的那所学校。

六个月过去了，官派留学生们收拾行囊各归各家。但是杨度没有走，因为他心中还有一个问题没有答案：中国当下民间志士多激进，主政诸公多守旧，而冲突不可调和。在这种局面下，中国需要怎样的教育？

这不是中国独有的问题，而是日本正在经历的现状。当日本没有见识过外来文明时，它闭关锁国，故步自封，是己而非人。一旦见识过先进文明，“尊人之心又起”，恨不得放弃自己的一切，照搬照抄别人的一切。等到学得差不多了，又会想起本国文化的好，开始对国粹分外重视。但日本在经历这三个阶段的过程中，总在两个极端之间来回撕扯，充满了动荡，甚至不乏军事冲突。此时的日本处于第二阶段，向着第三阶段过渡，而中国还在刚起步的阶段。但中国绝不能再走日本走过的弯路，更不能像日本那样充满血腥。中国承受不起这样的动荡。

杨度找到弘文学院的校长嘉纳治五郎，向他请教——与其说是请教，不如说是辩论。经过 10 月 30 日和 11 月 5 日这两天的辩论，杨度终于得到了他想要的答案。

中国的教育不能走极端，必须“学习先进”和“保护国粹”并重，“一以导国民之进步而采他人之长，一以固国民之团力而存一己之善”，“分学教育之精神，而合力以造成国民之性质”，这样既能避免故步自封的弊端，又能避免全盘西化，丧失自己的根基和固有特性。

杨度几乎是一气呵成，把自己的所思所想写成了一本小册子：《支那教育问题》。

在生活中，我们非常敬佩那种能成事的人。有许多人做事只满足于“完成”，也就是把事做到能交差的程度就行，下次再做还和第一次做一样。但是能成事的人还会“总结”，也就是在完成的基础上回想一下得失，下次再做就可以少走弯路。然而，极少有人能到更高级的“成事”阶段。他们不仅自己总结，还要把总结的结果写书立传，传播出去，让所有人都少走弯路。这种“成事”叫作“影响”。杨度就是第三种人，这种做事态度也为他迎来了别样的机缘。

此时的杨度已经完全蜕变成了一名新型的知识分子，其思想和老师王闿运彻底分道扬镳了。王闿运对此非常恼火，尤其是杨度鼓动王老师的儿子也去日本留学，而王老师竟然无力阻挡，就怒不可遏。他对杨度的称呼也从亲昵的“杨生、晳子”变成了冷漠的“杨郎、杨儿”，最后干脆直呼其名。这在重视礼教的时代已经无异于骂人了。但杨度已经顾不上老师的态度了，因为他又有做官的机会了。

早在戊戌变法期间，清廷就已经准备试点经济特科，选拔能“经世济用”的人才，逐渐取代只会做道德文章的科举。无奈被随后一连串的动荡耽误，直到1901年动荡平息才重新提上日程，又一直拖到1903年，才真正落实。

杨度此刻已经颇有名气。他的《支那教育问题》被当时的头部媒体《新民丛报》连载，随后发行了单行本。他对教育的真知灼见吸引了当时日本大教育家的瞩目，后者盛情邀请杨度为自己的专著作序。这在当时实在是件了不起的事。再加上《游学译编》（杨度为主创人之一）也好评如潮，正在向着头部媒体迈进。此时的杨度集教育家、媒体人、畅销书作者于一身，朝野上下，无人不知这个留过洋的大才子。杨度也因此得到清廷高官的举荐，参加首届经济特科的考试。

1903年7月，首届经济特科考试在紫禁城保和殿举行，皇帝亲自到场监考。考试内容只有两道题目，一道事关教育，一道事关财政。杨度不禁窃喜，胸有成竹地完成了答卷。不久之后，成绩公布，擅长财政的梁士诒第一，擅长教育的杨度第二。杨度暗自得意，安心地等起了录取通知书。

没想到，通知书没等到，却等来了逮捕令。原来是朝廷中的守旧派质疑第一名梁士诒的名字有问题：此人姓梁，必是梁启超同宗；康有为原名祖诒，此人正好是“梁头康尾”，由此推断，他必定是康党。慈禧太后最恨康党，于是下令彻查考试官员，并且重考。杨度反应极快，他担心自己写的《支那教育问题》有什么“大逆不道”的词句，第一时间就把手中存书焚烧一空，然后一溜烟地跑出北京，直奔天津，坐上最快的一班赴日轮船，开始了自己的逃亡生涯。

杨度的逃亡遭到了王闿运的奚落。得知杨度逃亡后，他在日记中幸灾乐祸道："得书云杨度被劾，已往东海。书痴自谓不痴，故至如此。"只不过，王闿运想错了，此刻的杨度根本没工夫自怨自艾，而是对顽固的清政府满腔愤慨，对有强权无公理的世界局势满心担忧。1903 年，杨度作长诗《湖南少年歌》，先赞湖南壮丽富饶的山川形胜，又赞慷慨激昂的仁人志士，倡导湖南青年应该站起来，成为救亡图存的中坚力量：

> 中国如今是希腊，湖南当作斯巴达，
> 中国将为德意志，湖南当作普鲁士。
> 诸君诸君慎如此，莫言事急空流涕。
> 若道中华国果亡，除非湖南人尽死。

这首诗大气磅礴、慷慨激昂，激励了整整一代人。多年以后，当陈毅元帅接见杨度的后人时，依然能信口背诵这一段。

但是，光有激情还不够，"中国到底往何处去"成了所有爱国志士共同的问题。当时的日本留学生圈子可谓各种政治理念的大杂烩。保皇派、君主立宪派、民主立宪派、共和派，当然还有类似王闿运的极端保守派，大家吵成一团，莫衷一是。人人都能对中国的前途说上两句，但人人都拿不出可行的办法。

杨度逃亡到日本后，遇到了从美洲考察归来的梁启超。两个“逃犯”见面，自然有说不完的话。梁启超曾旅居日本，又亲身游历过美洲各国，对当时中国人仰慕的“海外先进文明”、推崇的“自由、民主”有了亲身体验，变得有些脱敏，对于各种治国理念更为豁达。对他而言，任何政体都是无可无不可的，“苟持之有故，言之成理，吾乐相与赏之析之”。如果是真理，那就“舍己以从”；如果是谬误，那就“不远而复”。梁启超对自己这种豁达的态度非常自得，认为“此吾生之所长也”。

但是杨度不行，他是那种认准了一条路就要走到头的人。他要认真筛选，决心找到一条牺牲最少、动荡最小的救国之路。一旦选定，他就要义无反顾，从一而终。但是到底选哪条路，大师兄梁启超帮不上忙，他必须求教更专业的人士。

就在这个当口，他听到了一个惊人的消息：清朝要和日本法政大学合作，开设一个法政专业的速成班，专门为中国培养法政人才。

就在杨度逃亡的这段时间，清朝政坛发生了巨大的变故。人们受够了清朝的专制和任性，一些开明的知识分子悄悄讨论起“立宪”的可行性。戊戌维新之后，人们对这个话题一直讳莫如深，而这一次再也限制不住了。只用了短短一年时间，立宪就变成了街谈巷议的公开议题，讨论内容也从“能不能立宪”变成了“什么时候立宪”，俨然一副“不立宪不行”的态势。高高在上的皇室再也不能继续装聋作哑，开始认真探讨起

"立宪"的可行性。然而遍观整个朝野，所有人都只知道最强大的英国是搞君主立宪的，率先改革成功的日本也是搞君主立宪的，但没有一个人能说清"立宪"究竟是怎么回事，更不要说如何操作立宪改革了。这才有了 1905 年，清廷派遣五大臣出洋考察宪政的事。

其实在这之前，清廷已经派遣了一大批留学生去日本学习宪政相关知识，很明显就是为了将来立宪改革储备人才。于是就有了杨度听说的这个法政速成班。

与清朝合作的日本法政大学相当有来头。它是日本第一所私立法律学校，首任校长号称"日本法学元祖"。当然，清朝派遣的留学生也相当不俗。有"中国宪政之父"宋教仁，清华南开创办人、民国教育总长范源濂，武汉大学创办人、民国司法部部长张知本，新中国首任最高法院院长沈钧儒，第二任院长董必武，还有汪精卫、胡汉民、陈天华、朱执信、曹汝霖……一大批在中国近现代史教科书中留下名字的人，都在这个速成班里。

当然，为他们专设的课程都是实现宪政最基础也最急需的内容：法学通论、民法、国法学、宪法、国际法、政治学、经济学、刑法、商法、西洋史、政治地理、殖民政策等。虽然学制只有一年半，但各科导师无一例外是日本法学界的领军人物。

一国的高等教育就是一国头顶的卫星。它着力观察什么现象、研究什么课题、反馈什么结论、培养什么人才，决定了一个国家、一个民族在世界上的地位，更决定了它的前途和命运。

悄悄混入其中的杨度关心的不是自己未来的官阶，而是想为那些萦绕心头已久的问题找到答案。

为什么曾经号称“天朝上国”的中国沦落到任人宰割的地步？

为什么号称“文明”的列强欺凌弱国、小国时，毫不手软、毫不愧疚？

中国想要自立自强，出路究竟在哪里？

想要回答这些问题，就必须先回答“中国何以成为天朝上国”。在杨度看来，这是因为中国率先找到了更高级的社会组织形式。“自秦汉后，封建破，直至于今，乃为真正之国家社会”，而在东亚圈的其他国家和地区都没达到这一高度。所以其他国家不是融入了中国，就是成了中国的藩属国。但是身处其中的中国人并不清楚这一点，所以“中国数千年历史上，无国际之名词。而中国之人民，亦惟有世界观念[①]，而无国家观念”。

但在近代，列强找到了更高级的社会组织形式：以民族主义为标榜的国家主义。这种国家组织形式凝聚力更强、组织性更强、生产力更强，“政治上之组织，高于吾国也；教育上之

---

① 杨度口中的“世界观念”就是中国传统的“天下观”。

周详，高于吾国也；实业上之发达，高于吾国也”。这些国家发达之后，势必要进行扩张，“其势力膨胀于外，而经济不发达之国，一旦遇之，即不得不被其所侵略，而无法御之”。

列强会进行两种侵略：一是瓜分土地，二是瓜分财产。前者占据土地，后者要土地上的财产，“前者拙而后者巧，前者劳而后者逸，前者之实行必以军队占领，后者之实行不以军队占领，但以经济政策将一切矿业权、农业权、工业权、商业权攫于手中，而徐徐从事焉”。时机成熟后，“以军队入之”。

“弱国之财产，即强国之财产。曰别无理由，海陆军即理由也。”

这是明显的强权、霸权，那为什么列强又号称“文明国”呢？

因为文明的标准，“势不得仅据其所以待我者观之，而当即各国之内部所以为国者观之”。也就是说，要以该国国民自己的视角和观感来评价，而不是由其他国家来评价。

这些国家的国民享受着强大军队带来的安全感，挥霍着掠夺来的弱国财富，“举国人之熙熙攘攘，又和亲康乐之风，有醉饱太平之像……即谓其为文明国不为过也”。

但是，两国之间呢？“两强相遇，兵力在后，乃有国际法可言”，可是一强一弱相遇，“则弱者直可谓无言国际法之资格”。

中国所遇到的国家是文明国家，但中国所处的世界却是野蛮的世界。这就是中国面临的现状。

在这样险恶的国际环境中，中国还有希望摆脱弱国地位吗？杨度说，一定可以。因为中国有辽阔的疆域、广大的人口、丰饶的物产，更有灿烂的文明，远非其他国家可比。今日中国失败，只是因为内治不善。只要中国能利用好“固有之资格”，奋起直追，效法列强，以经济、军事立国，掌握“金”与“铁”，“则其适于生存而可与列强驰骋于世界可断言矣”。

杨度口中的“金”就是经济，“铁”就是军事。主张对内工商立国以富民兴民权，对外军事以强国固国权。最终，以自由之人民推动责任政府。但在具体做法上，杨度坚定地选择了“君主立宪制”。第一个原因，当然是当时英国的超级霸主地位让杨度想当然地把英国实行的“君主立宪”当成了最好的也是唯一的解药。即便在今天，我们还是会不自觉地认为世界第一的公司的所有做法都是对的。第二个原因，杨度可能自己也没有觉察到：他年轻时修炼的“帝王之术”依然禁锢着他，让他想象不出一个没有君主的中国会是怎样的。

从此，杨度成了“君主立宪制”的铁杆拥趸，也埋下了他未来悲剧的种子。

只是此刻的杨度还在为自己找到了答案而兴奋。经过近一年的努力，他已经成为海内外知名的君主立宪专家，就连五大臣出洋考察宪政的报告，都是由杨度捉刀代笔的。这让他在赴日留学生中的威望水涨船高。他高谈阔论、旁征博引，经常能对时事发表高妙精微的言论，因此他的寓所日日高朋满座，聚拢了包括蔡锷、黄兴、宋教仁、陈天华、刘揆一等赫赫有名的人杰，被人戏称为“湖南会馆”。在后来的留学生会会长的选举中，杨度也以压倒性的多数票当选。此刻的杨度已是当之无愧的赴日留学生领袖。

杨度的威望引来孙中山的瞩目。他此刻正急切地要壮大革命势力，如果杨度这样才气纵横、极具号召力的人才能加入，无异于如虎添翼。

在那个时代，极少有人不会为孙中山先生的理念和人格魅力所折服，继而倾心投靠，为之奔走。然而杨度却是个例外。孙先生轻车简从，亲自登门拜访，试图说服杨度：“当今之世，中国非改革不足以图存。但与清政府谈改革，无异于与虎谋皮。因此，必须发动民主革命，推翻这个昏庸腐朽的政府，为改革政治创造条件。”

但杨度却持不同见解，认为民主革命的破坏性太大，“中国外有列强环伺，内有种族杂处，不堪服猛剂以促危亡”。试看英日两国，都是以君主立宪而富强的，“清政府虽不足有为，倘待有为者出而问世，施行君主立宪，则事半而功倍”。

双方唇枪舌剑，你来我往，从上午一直辩论到深夜。孙中山干脆在杨度的寓所打了地铺。第二天一起身，两人就展开新的辩论。“满汉中外，糜不备论；革保利病，畅言无隐……”一口气辩论了三天三夜，谁也没有说服谁。临别之际，杨度郑重地对孙中山承诺："度服先生高论，然投身宪政久，难骤改……"我们政见不同，不妨各行其是，将来无论打通哪一条路，都比维持现状要好。将来我如失败，一定放弃成见，从公奔走。

杨度虽然没有追随孙中山，却为他推荐了一位猛将："度有同里友曰黄兴，当今奇男子也，辅公无疑，请得介见。"

这场辩论在热烈友好的气氛中落下帷幕。但杨度不知道的是，这只是个开始。在接下来的数年时间里，他将赤膊上阵，和一众革命党展开激烈的辩论。中国这趟火车正轰鸣着驶来，而杨度和一众革命党拼命地想要把道杆扳向自己的方向，角力的结果将左右中国的前途和命运。

生死攸关的大辩论

"中华民族到了最危险的时候。"

这是写入国歌的一句话，时刻提醒国人，永远保持警惕。

但是，什么时候是中国最危险的时候？有人说是八国联军侵华，也有人说是抗日战争，还有人说是抗美援朝战争。其中但凡有一次扛不住，都有可能亡国灭种。但是历史上有一次危机往往会被后来人忽视，那就是 1902 年到 1911 年这 9 年间的思想动荡。当时，中国已经有不少有识之士意识到了西方的强大来自它们"民族主义国家"的组织方式。由此，这些人决心也按此模式建立自己的民族主义国家。但是，中国是一个广土众民的国家，各个民族经过千百年的杂居糅合，早已变得你中有我、我中有你，那么究竟“谁和谁属于一个民族”？满族和汉族是一个民族吗？蒙古族、回族、藏族呢？如果按照西方舶来的标准，答案当然是否。那么这些民族该如何自处呢？

尽管早在1902年，梁启超就提出了“中华民族”这一概念，作为全体中国人共同的名号。但如果回到历史的当下，就会发现这种说法其实只是各种“解决方案”之一，不是唯一，甚至不是主流。反而是“明朝亡国论”和“五族分立”说甚嚣尘上，颇有市场，由此引发了一场巨大的民族认同危机。如果这个问题不能得到妥善解决，中国将就此分崩离析。于是，中国的思想界展开了一场声势浩大、绵延数年的大讨论，一边是革命派的众多喉舌，一边是梁启超、杨度等几根笔杆；一边是人数众多的新锐，一边是寥寥几个“守旧派”。在这场辩论赛上，在后面扛着“中华民族”大旗的是梁启超，赤膊上阵的却是杨度。

首先上场的是章太炎。他是“明朝亡国论”最坚定的支持者和鼓吹者。1902年4月，章太炎在日本东京筹划“支那亡国二百四十二年纪念会”。他把明朝灭亡定义成汉族亡国的标志，号召当时的热血青年团结起来光复中国。在为邹容的《革命军》所作的序言中，章太炎写道：“同族相代，谓之革命；

异族攘窃，谓之灭亡。改制同族，谓之革命；驱逐异族，谓之光复。”

所以章太炎的结论是：中国当下所谓革命的实质，是推翻清朝统治，光复汉族故地。这一观点得到当时许多革命派的支持，他们喊出“驱逐鞑虏，恢复中华”的口号，以此来凝聚人心。

但是这个观点遭到杨度的坚决反驳。清朝的始祖原本就是明朝的臣民，同样是生活在中国土地上的居民，“以匹夫揭竿而起，卒得天子之位”。这可以是造反，可以是篡位，但并不是外敌入侵。清廷为了掩盖自己“以臣篡君，背与大义”，所以才炮制出“亡国论”为自己遮羞，以掩饰自己得国不正的尴尬。但论其实质，“清代明”与“唐代隋”和“汉代秦”并无区别，都不能被称为亡国。构成一个国家有最基本的三个要素：土地、人民、统治权。现在土地还是那些土地，人民还是那些人民，只是统治权的“代言人”换了而已。所以以清代明只是王朝迭代，“与国家之存亡毫无关系”，“亡国论”从何谈起?

话音刚落，革命派阵营中站出了汪精卫。

“以一王室仆一王室谓之易姓，以一国家踣[①]一国家谓之亡国，以一种族克一种族谓之灭种。彼满洲者对于明朝，则为易

① 音同“博”，表示向前奔跑时因中箭而扑倒在地。引申为颠覆。

姓，而对于中国，对于我民族，则实为亡国灭种之寇仇，誓当枕戈泣血，以求一洗，而奚君臣之有？……今之政府为异族政府而行专制政体，则驱逐异族，民族主义之目的也，颠覆专制，国民主义之目的也！”驱逐异族和颠覆专制，就是一体两面的事，而今之际，就是要推翻清廷，才能建立民族主义的新国家！

杨度正待反驳，有人阴阳怪气地表示：到今天，还不站民族主义这边的人，不是跟清廷沾亲带故，就是想投靠清廷当个忠臣；不是根本没有国家观念的人，就是受了康、梁蛊惑，没有良知的人。

杨度说，既然说到民族，就必须说清种族和民族的区别。种族以血统区分，而民族则以文化区分。只要认同同一种文化，信奉同一种信仰，达成同一种共识，那就是同一个民族。连中国古人都知道“夷狄而华夏者，则华夏之；华夏而夷狄者，则夷狄之”的道理，今天的进步知识分子怎么反而不懂？满族统治者把种族混淆成国家，炮制“亡国论”是为了“自尊大而傲汉人”，作为受过新时代教育的进步知识分子，难道也要和他们一样，混淆种族与民族的区别吗？那么你和狭隘的清廷统治者有什么区别？你又怎么能真正实现民族主义的目的，建立一个自立自强的国家？未来的中国，一定是一个超越乡土、超越血缘、超越宗族、超越宗教，能包容广土众民、众多信仰的大国，怎么能用狭隘的民族主义束缚自己呢？

朱执信把桌子一拍，站起来大喝：“国仇之念，每降愈深，此耻不雪，则他胡为者。夫使我汉族而统治于一王之下，苦其暴政而欲革之，则暴政去而署事毕矣。今之革命，复仇其首，而暴政其次也！”

章太炎也不耐烦地说：“非我族类，不能变法当革，能变法亦当革；不能救民当革，能救民亦当革！”总之一句话，无论清廷表现如何，都必须革了清廷的命。

杨度语重心长地说，这么说当然很痛快，但你考虑代价了吗？“今日中国之土地，乃合五族之土地为其土地；今日中国之人民，乃合五族之人民为其人民，而同集于一统治权之下，以成为一国者也。”此刻的中国能聚拢在一起，是因为上面还有个皇帝。他虽然只是一个机关、一面旗帜，但不能没有，因为蒙古族、回族、藏族这些同胞还认这面旗。如果贸然抛弃这面旗，其他民族的同胞会认同以汉人为主体的新国家吗？如果不认同，结果会是怎样？

“满洲君主去位之时，即蒙回藏分离之时！”

到那时，在座各位担得起责任吗？所以，“欲保全领土，则不可不保全蒙、回、藏；欲保全蒙、回、藏，则不可不保全君主”。

章太炎不屑地说：那有什么，让蒙回青海，满回东北，回自领敦煌以西，藏安于高原，大家各安其位，大不了为神圣同盟可也。大家不相统一，各自任其发展，各谋其国政治之时，不反圆活而便利乎？

杨度大声疾呼：“五族分立说，乃亡国之政策，决不可行者也！”

当下的中国被列强环伺，托门户开放之名，行瓜分之实。如果各民族携手同心，“竭数年之力，以整理其内政外交，建设立宪政体，完成军国社会，则中国可以从此自立，不再有覆亡之忧”。

但是如果从此分崩离析呢？英国对西藏觊觎已久，沙俄对新疆、蒙古虎视眈眈，它们会眼看着这些土地而不去吞并吗？到那时，长城以外站满了沙俄大兵，英国盘踞在青藏高原，渤海湾游弋着日本的战舰，长江成了列强自由进出的国际航道……所谓的“汉地十八省”还有领土安全可言吗？如果今天各位不负起责任，遏制分裂势头，那么中国将来就算想成为印度、埃及那样“无形之亡国”也不可得，“唯能如四分五裂之波兰耳”！

这段话振聋发聩，直指要害，点醒了许多狂热的头脑。他们放下成见，悄悄烧掉了“汉地十八省独立建国”的方略，开始衷心拥护“五族共和”的理念。也就是从这一时期起，统一的中华民族理念逐渐开始深入人心，并在未来的风云激荡中越发熠熠生辉，成为全体中国人共同守护的信念。

1912 年 2 月 12 日，清朝最后一位皇帝，同时也是自秦始皇创立皇帝制度以来的最后一位皇帝——爱新觉罗 · 溥仪宣布退位，中国历时两千多年的帝制宣告终结。在由张謇起草并修改的退位诏书中，有至关重要的一句话：“仍合满、汉、蒙、回、藏五族完全领土，为一大中华民国。”这无疑是在昭告全国，昭告世界：中国在法理上完成了传承。中国没有散架，仍然是一个统一的大国！

杨度仰天长叹，因为那场旷日持久、性命攸关的辩论，如今终于有了一个理想的结果。他所担心的最坏结果终于没有发生。同时他也明白，他那个君主立宪的梦想，再也没有机会实现了。

只为心中那一丝不甘

这还是杨度生平第一次被人骂得这么惨。

1912 年 1 月 31 日，有人在报纸上公开骂杨度，说他背叛了君主立宪事业，“朝三暮四，反复无常，徒为社会所轻贱而自辱”，是个“绝无心肝、绝无廉耻之徒”。

自从 1902 年接受君主立宪思想，杨度就把君主立宪当作自己的终生目标。他曾信誓旦旦地说：“君主立宪本为予生平唯一之政见。”为什么有人会这样骂他呢？

杨度因为帮五大臣捉刀代笔，“君主立宪专家”的人设已经在清皇室心中扎了根，皇室请他到颐和园里给王公贵族讲立宪课，还给他安排了高官厚禄，准备在未来立宪时让他当顾问。然而现实让杨度非常失望：贵族只关心自己的利益，对“虚君”“责任内阁”之类的丝毫不感兴趣；对于立宪的进度能拖就拖，炮制出一个“九年立宪”的规划。这个明显侮辱智商、没有诚意的计划让全体国民出离愤怒。而最终出台的“皇族内阁”也烧尽了民众的信任：内阁成员共 13 人，满族即占 9 人，其中皇族 7 人，汉族竟然只有 4 人。

这种安排坐实了革命派的指责：清廷只看重皇室那一小撮人的利益，甚至连无血缘的满族人的利益也不愿顾及，更不要说广大民众的利益。他们就连“皇族不入阁”这一君主立宪的基本规则都不愿遵守。民众再也不相信清廷立宪的诚意，纷纷倒向了革命派，“共和”的呼声也越来越高。1911 年，辛亥革命爆发，其他各省纷纷响应，宣布独立。尽管这些省独立的原因各有不同，但在厌恶清廷方面却惊人地一致。他们打出“共和”的旗号，不再容忍一个骑在他们头上的皇帝，哪怕他只是一面旗帜、一个吉祥物。

杨度已经为君主立宪尽了最大的努力：他曾在东京组建宪政公会，在长沙、北京、河南等地成立宪政讲习所，传授宪政知识，为将来实施宪政做准备。但是皇室的一系列自私自利的操作埋葬了杨度所有的努力。他痛苦地发现：自己所推崇的、为之积极奔走的君主立宪制度，已经无法控制动乱的局面。他极力避免的内战终于无法避免了。

此刻，如果他依然坚持自己的主张和理想，那势必要和革命派短兵相接，内战也势必会扩大，甚至旷日持久地打下去；或者干脆彻底放弃，不再坚持君主立宪，但也不与革命派合作。“道不同，不相为谋”，从此离开政坛，不问世事，也落个潇洒。

但这都不是杨度想要的结果。“前策是以私而害公，后策是以私而不顾公”，都与自己一贯坚持“和平救国”的宗旨相背。一个理想主义者最大的痛苦莫过于亲手放弃自己的理想，但如今的现实逼迫他不得不放弃自己的理想。

然而正当杨度陷入纠结时，北京的政局突然发生了巨大变化。一群君主立宪的坚定支持者上街游行，广发传单，串联军、警、学生，要求维护实行君主立宪，拒绝共和。杨度不禁腹诽，如果早点儿觉醒，早点儿这么坚定地实行君主立宪，哪至于内战？然而当杨度拿到一众头领的名单时，顿时气不打一处来：这些人没有一个是当初支持君主立宪的，反而不乏顽固的反对派，其中不少还是王公贵族子弟。而那些跟着请愿示威的民众，分明是被带了节奏。

事已至此，容不得杨度继续消沉。他立即着手组建了“共和促进会”，公开表示赞同共和。

这个消息一出，北方阵营立刻炸了锅。作为“君主立宪专家”的杨度一向被北方派视为精神领袖，然而这位领袖竟然背叛了大家，背叛了自己信誓旦旦要坚守的理想。这不是叛徒吗？一群宗社党的成员闹得更凶，他们大多是来自清朝的遗老、遗少，甚至不乏一些王公贵族。他们不仅在报纸上责骂杨度，甚至扬言要组建武装，和南方不死不休。

杨度的回应颇有技巧。他首先严词揭露宗社党人和顽固派的画皮：当初人民呼吁立宪，这群人坚守专制；等现在大家都在要求共和了，他们又“拥护”立宪了。他们既不能在革命发生之前实行宪政，预先消除革命的萌芽，又不能在革命发生后认清形势，接受共和，只为拥护皇室一姓私利，甘弃国家利益于不顾。他们哪里是拥护立宪？他们只是舍不得权位罢了！

镇住人群中反应最激烈的人后，杨度继续安抚温和派：君主立宪也好，共和也好，都只是手段，让国家富强才是根本目标，哪个能让国家富强就用哪个，何必拘泥？今天如果坚持君主立宪，必定和南方兵戎相见，而且势必旷日持久地打下去，这样除了让列强更方便瓜分中国，对国家富强有什么好处呢？

至于个人名节，杨度已经管不了那么多了，他的观点是，个人的名节信义事小，国家因为理念之争陷入内战而导致分裂乃至亡国事大，他绝不愿牺牲国家以全个人信义。

连杨度这样的君主立宪专家和坚定支持者都转向赞同共和，其他或真或假的君宪派也只好偃旗息鼓，接受了共和制。南北和谈得以顺利进行，国家重新实现了统一，清帝顺利退位，民国就此成立，中国历史揭开了新的一页。

但是，新生的民国让杨度深深地失望了。民国成立不到半年，内阁总理就换了三个；杨度最寄予厚望的国会，民主决议的精髓没学会，推诿扯皮、胡搅蛮缠的毛病倒是暴露无遗；派系斗争层出不穷，帝室、皇族、袁世凯、北洋系、立宪派、封疆大吏、小官僚、同盟会系、光复会系、武昌系的革命派搅和在一起，内政外交永远拿不定主意，争权夺利倒是费尽心机。闹到最凶时，连堂堂的党魁宋教仁都遭到暗杀，却连个真凶都找不到。“共和”没能保住最起码的和平，孙中山和袁世凯彻底翻脸，发动“二次革命”。

杨度陷入深深的怀疑中：自己当初赞成共和，到底是对还是不对？

其实杨度这样的心态并不奇怪。人们在接受一个新的、陌生的事物时，总不可避免地会面临初期的混乱，哪怕是一个新的、更高效的解题方法，实行之初也不见得会比用熟的旧方法效率更高。人们从口号中的“共和”到制度意义上的“共和”，进而到植于人心的观念上的“共和”，其间道路遥远且曲折，不能强求它在初期就展示出优越的一面。就像火车，不能因为最初的火车跑不过骏马就否定它。

但是杨度没有参透这一点。他就像个突然闯入陌生世界却屡遭挫折的孩子，急切地想退回自己熟悉的那个家。他一路退缩，退回到君主立宪，甚至退回到自己青年时的“帝王之术”中去。他急切地想要找到一个猛人，以疾风扫落叶之势，让国家重新回归秩序，建立他心中“虚君立宪制”的国家。他始终认为，中国还是需要一个皇帝的。就像辜鸿铭所说，现在社会大乱，主要原因是没有君主，“你要说‘法律’，没有人害怕；你要讲‘王法’，大家就害怕了，少了那个‘王’字就不行”。

只是杨度没有发现自己陷入了一个悖论：如果是虚君立宪，那何必要一个猛人？如果让一个猛人出来收拾局面，他又怎么会甘心只当一个吉祥物？但是思想陷入死结的杨度已经顾不得这些了，他把自己的想法一股脑倾诉给了好友夏寿田。

夏寿田是杨度的童年好友兼同学，此刻正担任袁世凯内史。而夏寿田能担任此职务多亏杨度的推荐，因此还非常受袁世凯的信重。夏寿田对袁世凯称帝的心思了如指掌，当听说杨度有心放弃共和、重归君主立宪时，就建议杨度把君宪救国的主张系统地写出来，由自己转交给袁世凯。

1915 年 4 月，洋洋洒洒数万字的《君宪救国论》呈到了袁世凯的办公桌上。全文内容用一句话概括就是“非立宪不足以救国，非君主不足以成立宪”。在杨度看来，如今的共和有个致命的问题，那就是大总统之位是敞开的，任何人都可以争取，那么一定会引来兵强马壮者的觊觎，进而展开血腥的争夺。只有变大总统为君主，立于不可竞争的位置，才能让那些野心家死心，“国本既立，人心乃安。拨乱之后，始言致治，然后立宪乃可得言也”。

袁世凯一口气看完了，不由得拍案叫绝，连声称赞杨度：“真乃旷代逸才也！”他责令自己的铁杆部下、时任湖北将军的段芝贵“精印数千册，以备参考”。袁世凯还亲笔写了“旷代逸才”四字，由政事堂制成匾额赐赠杨度，给予表彰。这让杨度颇有些受宠若惊，认定了袁世凯就是他寻找已久、值得辅佐的“明君”。

想要束缚一个人的思想，恐怕没有什么比“最后一次”更有力度。它往往会挤占一个人所有的心智，让一些原本很有智慧、很清醒的人，也在它面前变得患得患失，乃至动作变形，做出一些自己会后悔的事情。今天，有多少人会经不起“限时打折”的诱惑，担心错失机会而买了一大堆完全用不着的东西？

当时的杨度就陷入了这种情绪。他隐隐感觉到，这可能就是他此生最后一次机会了，因此他表现得格外卖力。袁世凯的本意是想让杨度当他的白手套，去网罗一些社会名流、学者带带节奏，为复辟帝制制造舆论。杨度果然如他所愿，亲自出面联络孙毓筠、胡瑛、刘师培、严复、李燮和等人，发起成立筹安会，被时人戏谑地称为“筹安会六君子”。

就在这时，袁世凯的法律顾问、美国人古德诺撰写了《共和与君主论》，声称“世界国体，君主实较民主为优，而中国则尤不能不用君主国体”。此言一出，舆论哗然。伦敦的《泰晤士报》、东京和中国的一些报纸纷纷转载，立即引起强烈反响。这无疑给杨度送来了绝好的弹药。他不仅感慨：美国是共和制的典范，可是古德诺都知道“中美情殊，不可强为移植”的道理。人家一个外国人尚且知道为中国大声疾呼，我们中国人反而要顾及自己的名誉，不敢说话吗？

此刻的杨度已经成了一个被理想裹挟、烧昏了头脑的狂热分子，只能听到支持的声音，听不到也听不进反对的声音。他曾经努力地挣脱了老师王闿运强加于他的厚茧，却在自己织就的信息茧房中越陷越深。他接连发表了《筹安会成立启事》《筹安会通电》《谈筹安会》《筹安会请愿书》《筹安会第二次宣言》等一大堆文章，为袁世凯的“复辟大业”宣传造势。而袁世凯也被这热烈的氛围烧得忘乎所以，真以为自己是民心所向、天命所归了。

正当“洪宪皇朝”筹备举行登基大典之时，1915 年 12 月 25 日，云南宣布独立，蔡锷致电袁世凯，要求将杨度等人立即“明正典刑，以谢天下”。

说起来，蔡锷和杨度在日本时就是好友，当初蔡锷来北京，杨度向袁世凯盛赞蔡锷的军事才华，推荐由他主持建军工作。但是袁世凯始终对蔡锷不放心，打算把他软禁在北京。蔡锷主动找杨度剖明心迹，表明反帝反袁的立场。杨度知道此一去，也许终生不能再相见，也知道蔡锷离开后会造成极大的威胁，但还是掩护蔡锷离开了北京。

1916 年 3 月 22 日，在中外各方压力下，袁世凯不得不宣布撤销帝制，停止所有帝制筹备事宜，恢复民国五年纪元，废除洪宪纪元。杨度则成了除袁世凯外最大的元凶。然而身处风口浪尖的杨度却出奇地淡定。

5 月 1 日，杨度安坐在北京丰盛胡同的家中，对《京津泰晤士报》记者侃侃而谈："政治运动虽失败，政治主张绝无变更。我现在仍是彻头彻尾主张'君宪救国'之一人，一字不能增，一字不能减。十年以前，我在日本，孙、黄主张共和，我则著论反对。我认共和系病象，君主乃药石，人民讳疾忌医，实为国家之大不幸。……国体问题，我应负首责，既不诿过于人，亦不逃罪于远方。……俟正式政府成立，我愿赴法庭躬受审判。"

6 月 6 日，一代枭雄袁世凯撒手人寰。据说在弥留之际，他咬牙切齿，怪声高叫："杨度误我！"或许他在抱怨，如果没有杨度等人的劝进，自己还会不会走上这条路？但是，如果没有他内心的贪欲，劝进又能起什么作用呢？

杨度为袁世凯写了挽联，半是缅怀，半是申辩：

> 共和误民国，民国误共和，百世而后，再平是狱；
> 君宪负明公，明公负君宪，九泉之下，三复斯言。

袁世凯帝制失败，宣告了杨度理想的彻底破灭，也终结了杨度的政治生涯。他从此变得心灰意冷，对于 1917 年 7 月 1 日张勋、康有为等人的复辟，也感到深深的厌恶。在他看来，这两个跳梁小丑实在是亵渎了自己的理想，"所可痛者，神圣之君宪主义，经此牺牲，永无再见之日。度伤心绝望，更无救国之方。从此披发入山，不愿再闻世事”。

杨度从 1902 年留学日本时接受君主立宪思想，在坚持 15 年后彻底放弃了。这是他个人的悲剧，也是时代的悲剧。他希望能为中国找到一条牺牲最小的路，但是这个野蛮的世界却逼迫他付出沉重的代价。他希望中国能实现平稳的改革，但是那个动荡的时代却不肯给他充裕的时间。他曾经是理性的，分得清目标和手段，但他又被理想和机遇裹挟，把手段当成了目标，让自己的一切努力都变成了妄念。

尾声 灯塔

“海上的雾越浓，越需要灯塔指引。你望见那光，就不会迷航了。”

这是杨度和李大钊第二次见面时，李大钊对他说的话。

袁世凯复辟失败后，杨度被黎元洪列入“帝制余孽”名单，一度成了通缉犯。他不得不躲进了天津租界，一时间陷入了极度的消沉中。他把自己埋进佛经，钻研起了佛学，还给自己起了一个“虎禅师”的名号，打算就这样青灯黄卷，寂寥余生。

一直到 1922 年，他远远地看到孙中山也过得相当不如意：“二次革命”失败，护法运动失败，因为想搞“独裁”，连合作伙伴黄兴都离他而去。奋斗了一辈子，却落得个孤家寡人。此情此景，不禁让杨度想起了当年的约定。这年 9 月，杨度到上海面见孙中山。孙中山激动地说：哲子，你能履行政治家的诺言，真是可人！

杨度也坦然地说：我的君主立宪主张已经失败，今后再也不会有君主出现了。我这次来上海，就是为了遵守当年临别时的诺言，愿以劫后余年来为革命事业出力，协助先生完成民主革命，以救中国。

然而，杨度毕竟还顶着“帝制余孽”的偌大名号。这样的人加入国民党，许多国民党人表示不能接受。这让孙中山左右为难，问杨度能不能写一份声明，向大家解释一番再入党？经历过大风大浪的杨度此刻对于虚名已经不再挂怀，淡然地对孙中山说：我不加入国民党，是照样可以为国民党工作的。

从此，杨度开始追随孙中山走上了民主革命的道路，时常奔波于京沪道上，游走在军阀之间。他尽力争取合作，消弭战争。正是在上海莫里哀路（今香山路）孙中山的寓所，杨度第一次见到了李大钊。

早在1919年五四运动时期，杨度就在《新青年》上读过李大钊的文章。那些激情洋溢的文字有种穿透人心的力量，让杨度看到了一条真正的救国之路，也由此获得了重新振作的力量。在这之前，杨度是坚定的精英主义者。在他看来，中国的前途和命运只需要精英决定。哪怕是建君宪、开国会这样的事，杨度认为也只需要争取到三分之二的精英就足以成事。换句话说，杨度眼中的中国只是一个“精英的中国”。但是李大钊的文章分明让他看到了一个“庶民的中国”，而在这个他不曾留意的中国里，蕴含着他想象不到的庞大而丰沛的力量。这让杨度重新燃起了希望，或许，救国的希望就在于此。

此次，杨度终于在上海见到了李大钊真人，双方相见恨晚，自然少不了一番深谈。这年秋天，杨度在北京又一次见到李大钊，表达了愿意为共产党奔走的意愿。李大钊欣慰地说：“海上的雾越浓，越需要灯塔指引。你望见那光，就不会迷航了。”

然而残酷的斗争却容不得些许温情。

1927 年，杨度去参加熊希龄女儿的婚礼，席间意外得知张作霖与列强中的反苏势力暗中勾结，准备进入苏联使馆抓捕共产党。这让杨度大吃一惊，连忙借故离开，把这消息辗转传递给了李大钊。李大钊此刻却陷入了犹豫，一方面有些事情没有办完，另一方面，他还是不相信张作霖真的敢闯外国使馆区抓人，他不怕闹出外交事件吗？

谁都没想到，张作霖真的敢。4 月 6 日清晨，张作霖派兵包围苏联兵营，逮捕了包括李大钊全家 4 人在内的 36 人，将其关进了京师警察厅看守所。杨度急得顿足捶胸，立即赶去安国军总司令部面见张作霖，郑重提出应将李大钊等人移交地方法院审理——只要别走军法程序，就还有时间、还有机会。杨度把自己能利用的人脉全部动员起来，全力营救李大钊。为了筹集资金，杨度果断卖掉了自己在北京的房子，换来 4 500 块大洋，到处打点。

只可惜，这一切都没能挽回李大钊的生命。1927 年 4 月 28 日，张作霖判处李大钊等 20 名革命者绞刑。军阀的残暴反而坚定了杨度的决心，救不了同志，就去营救同志的亲属，哪怕倾家荡产也在所不惜！

多年以后，杨度的女儿杨云慧依然能想起当年那一幕。

杨度对妻子说，为了营救那些家属，得再筹集一笔钱，我已经把手头的钱都捐了，可是依然不够。我想把青岛的房子卖了。

杨度的妻子是个深明大义的人，说青岛的房子破旧，值不了几个钱，自己还有些首饰，都可以拿去变卖筹钱。

杨度激动地说，好，好！

杨度毁家纾难，营救革命烈士的家属，可他自己却落得身无分文，只得流落上海，以卖字和给人写墓志铭为生。好在杨度本人书法超群，又顶着“知名人士”的头衔，大批人前来求字，润笔费还算丰厚，以至于磨墨慢了都供不上。赚了这么一大笔钱后，杨度却只留下日常开销，将其余都捐给了抚养烈士遗孤的组织。这些义举逐渐引起了中共上海地下党组织的重视。

1929 年春，杨度家中来了一位不速之客。来人叫陈赓，当时正担任中共上海特科负责人。他问杨度愿不愿意为中国共产党工作。杨度坚决表示：“为了挽救中国，愿尽一切力量为共产党工作，愿以自己的社会地位、身份、关系，为党贡献情报。”

此时的杨度确实有不少便利条件：他是杜月笙的私人顾问，而杜月笙是上海“青帮”头子，又是蒋介石的结拜兄弟、秘密高参，与租界巡捕房的交情也颇深，属于典型的“黑白通吃”的人物。杨度眼下住的房子就是杜月笙的，还坐落在法租界。层层叠叠的保护伞让这所房子成了当时中国世外桃源一般的存在。

1929年，因为情报工作成绩突出，经潘汉年介绍、中共中央特科负责人周恩来批准，杨度秘密加入中国共产党。杨度入党时，正值白色恐怖最猖獗的时期，他的居所成了最好的避难所，许多革命者就是在这里躲过了反动派的屠刀，最终安全获救的。杨度的贡献让周总理在生命的最后时刻依然念念不忘，交代相关负责人，转告上海《辞海》编辑部，若《辞海》上有“杨度”的辞目，要把他最后加入共产党的事写上。

只可惜，这些话杨度是听不到了。早在1931年，杨度就因为病重在上海撒手人寰。就在生命的最后一段时光里，他意识到自己来日无多，便亲手为自己写下一副挽联：

帝道真如，如今都成过去事；
医民救国，继起自有后来人。

正如杨度所说，他这一生做过两大错事，一是在日本拒绝了孙中山，二是坚信中国应该有个皇帝。但是每个人有每个人的烙印，一代人有一代人的使命。在野蛮世界的丛林中跋涉，谁也不知道沿着哪条岔路能走出生天，有些人必须用自己的生命去探路，才能警醒后来人此路不通。而杨度正是众多的探路者之一。

斯人已逝，今天的中国正以中国式现代化全面推进中华民族伟大复兴。方向已明、道路已定，但这不意味着我们就可以高枕无忧、闲庭信步。我们必须看到，“野蛮之世界”依旧野蛮，“百年未有之大变局”依旧风云激荡，国际间竞争依旧激烈，各种挑战依旧如影随形，各种杂音依旧不绝于耳。在前进的道路两旁，弥漫着各种诱惑，蛊惑着人们偏离正道，步入歧途。今天的我们无须再似先辈那样困惑与迷惘，但仍需效法先辈的奋斗与担当，克服诱惑，识破杂音，直面挑战，砥砺前行。

第四章

秋瑾
娜拉出走以后

世界上只有一种真正的英雄主义，
那就是认清生活的真相后依然热爱生活。
——罗曼·罗兰，《米开朗琪罗传》

引子

1879 年，挪威戏剧家易卜生出版了他的名著《玩偶之家》，书中讲述了一位普通家庭妇女娜拉从家庭中出走的故事。

娜拉出身于中产阶级家庭，生活优越，婚后像当时的其他家庭主妇一样，日常生活都围绕着丈夫进行，是一个沉浸在幸福之中的女子，被丈夫爱称为“小鸟儿”。有一次，丈夫病倒了，急需一笔钱治病。娜拉走投无路，只好冒充自己已故的父亲，向银行贷了一笔款用作医药费。这件事情的风险很大，因为按当时的法律，女性是不能独立进行任何财务操作的。

后来，丈夫的病治好了，生活回到了正轨，工作也很顺利，还升职加薪了。而后的日子里，娜拉一直偷偷摸摸地做一些兼职，艰难地偿还银行的贷款。她不敢让丈夫知道自己贷款的事情，害怕他知道后会接受不了，毕竟这件事情万一曝光，就会严重影响他的声誉。

然而，纸毕竟包不住火，丈夫最终还是知道了娜拉贷款的事情。他对娜拉破口大骂，抱怨她给自己惹来了这么大的麻烦，甚至让儿女远离她，以免沾染她的“恶习”。

最后，在娜拉的努力下，当年办贷款的银行职员承诺会为他们夫妻保守这个秘密，丈夫才松了一口气。麻烦消除了，丈夫重新对娜拉温柔起来。娜拉此时已经彻底看清了，她不过就是丈夫随意摆布的“玩偶”罢了。当丈夫再次提醒娜拉“首先你是一个妻子，一个母亲”时，娜拉清醒地回答说：“现在我只相信，首先我是一个人，跟你一样的人。”最后娜拉摔门而出，故事到此结束。

这部剧在创作后火遍全球，娜拉也成了一个经典的形象。只是，恐怕易卜生自己也没有想到，《玩偶之家》出版后，读者最关心的不是他精彩的文笔、精巧的情节安排、人物的精致刻画、伟大的人性光辉，而是都在追问：“娜拉出走之后，又会发生什么？”以至于到了今天，这个问题已经成了一个经典的社会学课题，被无数人拿来揣测推演。

但是几乎所有人推演的结果都非常悲观。有人极其恶毒，认为娜拉会走向堕落乃至毁灭；有人主张妥协，认为娜拉最终会重回家庭。但无论哪种推演，起点都只有一个：娜拉在她那个时代，没有谋生技能，更没有容身之地，离开丈夫供养的她没有任何经济来源，更看不到任何希望。

17 年后，在遥远的中国湘潭，一个叫秋闺瑾的姑娘正在风光出嫁。这场婚姻让当时的所有人羡慕。秋姑娘出身官宦世家、书香门第。知书达理的母亲亲自为她启蒙，饱学的祖父亲手点拨，举人出身的父亲亲自执教，让这个天资聪慧的姑娘从小就过目成诵，颇有才女之名。父亲出任湘潭地方官时，她的才名引起了曾国藩在当地一位族人的注意，主动出面为她做媒，男方是当地数一数二的大富豪王家。

王家虽然不是权势之家，但对于秋姑娘的到来，公公婆婆拿出了足够的诚意，用“豪掷千金”已经不足以形容了，而是直接送给她一座钱庄作为见面礼。这种“富贵组合”实在令时人艳羡。

此外，丈夫王子芳比秋姑娘小四岁，生得“面目俊秀，潇洒风流”，再加上性格温和，又是最小的儿子，因此很受父母的宠爱。爱屋及乌，秋姑娘也深得公公婆婆的宠爱。

如此和谐的婚姻家庭关系，不要说在晚清，就是在当代也是相当难得的。但是任谁也想不到，就在 9 年后，这位叫秋闺瑾的女子就和这个家庭彻底决裂，并变卖了自己所有的嫁妆，改名叫秋瑾，走上了赴日留学的道路。她要用自己的行动去实践一个答案：娜拉出走之后，会有一个怎样的未来？

秋风秋雨愁煞人

秋瑾早年的夫妻关系在外人看起来无比和谐，但是却被她的弟弟秋宗章一语道破：这夫妻俩“琴瑟异趣”。用今天的话说就是：这夫妻两个长反了。

两人的年龄是反的：妻大夫小。两人的相貌是反的：王子芳“美丰姿，面如冠玉，状貌若妇人女子”，活脱脱一个贾宝玉，而秋瑾则一脸英气。两人的性格也是反的：王子芳性格温暾，做事没什么耐性，秋瑾则眼里揉不得沙子，做事务必要成。

最重要的是，两人的志趣是反的。王子芳对事业没什么兴趣。他生在富豪家庭，又受父母宠溺，还分得一份丰厚的家产，足够他衣食无忧，岁月静好，为什么非要追求事业？秋瑾则完全相反，她是个进取心极强的人。

大部分情况下，一个人的进取心往往萌发于糟糕的现实处境。不满于现状，而后奋发拼搏，坚韧不拔以实现理想。但是，秋瑾不属于这种情况，因为她的处境很好，从小在优渥的家庭环境中成长。

秋瑾出生在绍兴秋家，远祖只是务农的百姓，到了高祖那一代才科举成功，之后累世为官，成为官宦世家，就这样一路传承到了秋瑾的父亲这一代。秋瑾的父亲在地方担任“同知”，虽然放到历史中看，谈不上什么大人物，但是落到现实中，这绝对属于地方实力派。但是年少的秋瑾仍然整天忧心忡忡。

生活的一切非常美好，那秋瑾忧虑的到底是什么呢？她敏锐地意识到：在父亲这一辈，只有她父亲一人科举成功。两位叔叔都只能留守绍兴老家，靠着祖上留下的百余亩土地过活，收成仅够维持生活。自己这一代就更令人丧气：秋家再没有一个能够科举成功的人，“俱不足以兴吾门”。这不仅意味着秋家的文脉将要断绝，更意味着在那个“万般皆下品，唯有读书高”的时代，秋家真的要“阶层滑落”了。这是心高气傲的秋瑾万万不能接受的。

这就不是普通的“进取心”了，而是一种“极端进取”的人格。“极端进取”的人看问题从来不会局限于眼前的好坏，而会更加在意事情是否能以向上的趋势发展。也就是说，“极端进取”的人要实现的不是一个目标，而是要努力促进事情往更好的方面持续发展。“目标”已经虚化了，持续变好才能让人安心，一切停滞和倒退都会让人焦虑不已。

因此，年少的秋瑾很多举动都与同龄的女子不同：她爱读的诗词是杜甫、辛弃疾的，喜欢的人物是先秦两汉时期的游侠，敬佩的是岳飞、韩信，奉他们为“男仙”。但要说她最敬仰的，却是秦良玉、花木兰这样的巾帼英雄。秋瑾羡慕她们能以女子之身，立下不朽功业，证明女子一点儿不输男子。她在《题〈芝龛记〉》一诗中感慨：“莫重男儿薄女儿，平台诗句赐蛾眉。吾侪得此添生色，始信英雄亦有雌。”从那时起，秋瑾就满怀梦想，希望有朝一日，自己也可以成为她们那样的人。

历史上的女英雄固然给了秋瑾很多信念和勇气，但是她自己的路还需要自己艰难地摸索。她关心日薄西山的国家局势，想出力；操心日渐萧条的家族事业，想尽心。可她一个裹着小脚的妇道人家，处处都受到限制，从哪里突破呢？秋瑾不能如愿，一肚子委屈和抱负无从倾诉，只好诉诸笔端，写下“秋风愁煞人，秋雨愁煞人”的诗句。

然而即便是秋父也弄不懂女儿的心思，只是觉得女儿怎么满脑子负能量，告诫秋瑾“屡以衰飒为戒”，意思是别写这种负能量的诗句了。

1901 年，秋瑾最不愿看到的结果出现了：勤勉的父亲积劳成疾，在任上谢世了。

按当时的礼法，父亲辞世，应该是长子当家。秋大哥没有太多心思，打算带着父亲的灵柩和一大家子人一起回到绍兴老家，和看守祖产的两位叔叔搭伙过日子。祖辈留下的产业虽然不多，但是勉强可以安身。

然而，秋瑾想的比大哥多得多。靠着那点儿祖产，早晚有一天会吃光花净，所以她积极地为娘家想出路。既然大哥科举无望，取不了功名，那不如经商求富。秋瑾建议大哥干脆迁到湘潭来，和王家一起做点儿生意，如此，秋家有自己的产业，和秋瑾的夫家也好相互有个帮衬。秋大哥是个老实厚道且有些懦弱的人。他虽然年长秋瑾四岁，却没什么主见，便没多考虑，听从秋瑾的安排，带着一大家子来到了湘潭，和秋瑾一家一起做生意。

做生意赚钱这条路没什么错，但是秋瑾选择的商业项目却实实在在地证明，她或许是个才女，但在对商业的认知上，实在是个门外汉。

王家以典当行起家，而且出手就送了秋瑾一座钱庄。这让秋瑾产生了一种错觉，以为钱庄是个极其简单的商业模式：把钱收进来，然后贷出去。不需要组织货源，不需要操心产品质量，不需要担心物流，不需要管理大量员工，只消看谁有偿还能力就贷款给谁，实在是省心又省力。

殊不知，简单之下，却是极端的复杂。

要吸纳什么人的资金？偿还期多长？怎么知道谁有偿还能力？有钱人就一定有偿还能力吗？今天有钱一定代表未来依然有钱吗？做出这些判断需要极高的商业眼光，对行业的深刻理解，以及对人际关系乃至社会环境极其深刻的洞察。即便在今天，许多投资家、银行家有了丰富的风险管控手段，依然不能避免金融风险，何况是刚入行的新丁呢？

然而秋瑾一家的态度近乎放任自流。王子芳是个甩手掌柜。秋瑾说拿钱入伙，他就拿出一大笔钱，随你怎么用，反正我绝不操心。秋大哥是个书生，对钱庄的各种关窍一窍不通，性子又软，部下说什么他就信什么。秋瑾虽然有心，但碍于女儿身，还需要恪守礼法，不能随意抛头露面，不便经常出门审查。

雪上加霜的是秋瑾选定的经理是个监守自盗的小人。在他的“苦心经营”之下，还不到半年，秋家钱庄就资金链断裂，宣告破产。为了填补窟窿，秋家赔上了秋父的遗产，秋大哥不得已多方借贷，连秋瑾也要变卖一些嫁妆，这才终于还清了所有欠款。

到这里，秋瑾拯救家族的第一次努力宣告失败。秋家不仅在“势”上没了底气，在“财”上也没有了底气，原先的“门当户对”已经不复存在。

1902 年，秋大哥按原计划，带着一大家子人迁回绍兴老家。秋瑾的丈夫早先捐了一个京官，带着秋瑾前往北京开始了自己的第二段旅程。那时的秋瑾绝不会想到，正是这次赴京，让她看到了一个全新的世界。

革命需从家庭始

早在 1899 年，王父就给王子芳在京城工部捐了个小京官，举家迁到了北京。可惜后来因为兵荒马乱，位子还没捂热就逃回了老家。直到 1903 年，北京局势平息，倒闭的钱庄善后事务彻底了结，王子芳才带着秋瑾一起回到了京城。

在京城，秋瑾一家与吴芝瑛一家成了邻居。在秋瑾看来，吴芝瑛夫妇的生活状态才是自己的理想型。吴芝瑛的丈夫廉泉是参与过“公车上书”的思想求新人士，现在也是京官，却是靠着真本事通过科举拿到的。吴芝瑛本人是安徽桐城人，文采出众不说，还写得一手好字，在当年有“当代谢道韫”的美名，在京城名媛圈是一等一的人物。

最重要的是，她竟然不必束缚在家，而是可以自由地出门，去做一些自己喜欢的事业。吴芝瑛观察到许多家庭妇女不便进入新式学堂学习，便联合几位有才识的夫人创办了“中国妇女启明社”，使得这些妇女可以常常聚会、交流学问、进行研究。秋瑾几乎是第一时间就爱上了这种生活。经过吴芝瑛的引荐，秋瑾也顺利地融入了这个圈子，并且凭借自己的文采博得众人喝彩。这种开放、自由的生活让秋瑾既新奇又兴奋，原来女人也是可以出来做点儿事的！这让遭受事业失败打击的秋瑾重新焕发了生机。

但是回头看看自己的丈夫，秋瑾不禁有些恼怒。经过这么多变乱，王子芳依然过着浑浑噩噩的生活。他原本就是个公子哥儿，到了北京之后更加放飞自我，除了玩乐的花样翻新，酒肉朋友升级为贝子、贝勒，生活没有任何变化。他每天都和狐朋狗友花天酒地，有时甚至彻夜不归，醉卧在酒瓮旁边。由此，秋瑾越发厌恶王子芳，两人的关系也越发冷淡。

如果说吴芝瑛的生活让秋瑾羡慕，那服部繁子的生活就是让秋瑾惊讶了。繁子的丈夫服部宇之吉是文学博士、东京帝国大学的哲学课教授，到京师大学堂师范馆担任正教习。京师大学堂正是北京大学的前身，服部宇之吉相当于今天北大的讲师。繁子出身名门，父亲是日本大儒，兄弟都是著名的汉学家，自身也富有才情。她不仅可以跟随丈夫来到中国，还能在各种女性社团里担任教习。

一个女人，不仅可以走出家门做事，还可以走出国门，漂洋过海到异国他乡工作，成就一番事业，这实在让秋瑾大开眼界。在繁子的身上，秋瑾不仅看到了自己的影子，更看到了自己理想的生活样板。

繁子让秋瑾大开眼界，秋瑾也同样让繁子印象深刻。许多年后，繁子还是能清晰忆起第一次见到秋瑾时的震撼：

> 蓬松的黑发梳成西洋式发型，蓝色的鸭舌帽盖住了半只耳朵，蓝色的旧西服穿在身上很不合体，袖头长得几乎盖住了她那白嫩的手。手中提一根细手杖，肥大的裤管下面露出茶色的皮鞋，胸前系着一条绿色的领带。脸色白得发青，大眼睛，高鼻梁，薄嘴唇。身材苗条，好一个潇洒的青年。

女子着男装招摇过市，不要说清朝，即便是在当时女权运动悄然兴起的欧美，也是不多见的。保守派自不必说，认定这是伤风败俗，就连革命派也觉得这不过是“名士派耳”，只是一种标新立异的做派而已。只有秋瑾自己知道，她这样做究竟是为了什么。

“无论如何，我要成为男人一样的强者，所以我要先从外貌上像个男人，再从心理上也成为男人。我的家庭太和睦了。我对这种和睦总觉得不满足，甚至还厌倦。我希望丈夫强暴一些，那样我才能有坚强的决心与男人抗争。这不是为我个人的事，是为天下女子。我要做出男人也做不到的事。”

秋瑾对着繁子坚定地说："我不甘心无所事事地活着，我一定要胜过男人。"

繁子也见过王子芳。在她眼里，王子芳是个"很年轻，肤色很白，一看就是那种可怜巴巴，温顺的好的居家青年"。但他不是秋瑾的良配。秋瑾要的是一个时刻能站在背后支持自己的战友，王子芳却是"躺平派"。他可以听从秋瑾的主张，从分家费里拿出"万金"入伙钱庄，也可以听从秋瑾和家人的安排捐官，但是绝做不到秋瑾要求的那种上进。或许，秋瑾和王子芳本身都没有错，但两个人的结合却是一个彻底的错误。

就这样，两人的矛盾一天天加剧，只差最后一根导火索。

这一天很快就来了。1903 年 10 月 5 日，这一天是传统的中秋节，是中国人阖家团圆的日子。秋瑾按照习俗，张罗了一大桌子家宴，只等王子芳回家。不料王子芳又被一群狐朋狗友拖去买醉。这让秋瑾大为恼怒，她干脆换上一身男装，带着丫鬟跑去戏园子喝酒听戏。这下连一向温暾的王子芳也忍不住爆发了，夫妻二人为此发生了激烈的冲突。

秋瑾一气之下离家出走，跑到客栈栖身。寄居客栈期间，她悲叹时代强加于女性的束缚，感慨自己有志难伸，愤而写下了一首爱国名篇《满江红》：

小住京华，早又是、中秋佳节。为篱下，黄花开遍，秋容如拭。四面歌残终破楚，八年风味徒思浙。苦将侬、强派作蛾眉，殊未屑！

身不得，男儿列。心却比，男儿烈！算平生肝胆，因人常热。俗子胸襟谁识我？英雄末路当磨折。莽红尘，何处觅知音？青衫湿！

这一次，即便是吴芝瑛夫妇等闺中密友出面劝说，秋瑾也决心不再回头。她已经决心要走出家庭，去闯出一条自己的路。

在这之前，秋瑾就和吴芝瑛商讨过女子的出路：

女子当有学问，求自立，不当事事仰给男子。今日志士昌言革命，吾谓革命当自家庭始。

这时候坊间流传的“革命”，在秋瑾看来不过是“虚应故事”，就像今天言必称“人工智能”一样，人人都能说上两句，但几乎没有人能说清何谓“革命”，更别说如何“革命”了。

经过此次冲突，王子芳对两人的关系心灰意冷。他特意去拜访服部繁子：

我妻子非常希望去日本，我阻止不了。如果夫人不答应带她去的话，我不知她将如何苦我呢。尽管家里有两个幼儿，我还是请你带她去吧！留学也好，观光之后再回来也好，任她去吧。要是留学，在东京我还有三四位朋友，可以托他们照顾，不会给夫人增添麻烦。她是无论如何都要去的，与其让她跟别人去，不如拜托给夫人更使我放心。

但是王子芳食言了，他非但没有安排朋友照顾，反而对秋瑾的求援信置若罔闻，让秋瑾在日本着实过了一阵苦日子。如果换作旁人，还能找人借点儿钱对付一下，但是秋瑾空顶着一个“富豪王家少奶奶”的名头，没人相信她会缺钱，所以没人借她钱。

不得已，秋瑾只能省吃俭用，把钱全部用在学习和买书上，其他的绝不“多用一钱”。秋瑾是自幼裹了小脚的，但她连车也舍不得坐，宁可忍着脚疼一步一步挨着走。鲁迅曾慨叹：“所以一切女子，倘不得到和男子同等的经济权，我以为所有好名目，就都是空话。”

1905 年 3 月下旬，秋瑾终于弹尽粮绝，只好趁着学校还未开学，回到老家筹措学费。王家是指望不上了，她就回到绍兴老家筹措。年迈的母亲“勉筹数百金”后，秋瑾才得以再次登上赴日的航船。为了省钱，她买了最便宜的船票，换上男装，和一群糙汉一起挤末等船舱。秋瑾身藏一柄短刀，几天没敢合眼，直到六天后轮船靠岸，她才松了一口气。但她因此伤了元气，大病一场。

然而这“百金”在日本能支撑多久呢？“学费十六元，须买书参考，甚贵。衣服、零用、纸笔等每月须三十元之谱。”

此刻的秋瑾正如刚走出家门的娜拉，面对着一个真实的、残酷的世界，饱受凄苦，却不知道未来的路在何方。

但其实，秋瑾如果只是想自食其力，并不需要吃这些苦头。她的好友吕碧城就走出过一条路。吕女士依靠自己一支妙笔，在《大公报》赢得主编的位子，早已实现了财务自由，过上了体面的生活。从另一个角度看，这也是一个出走成功的娜拉。但吕碧城的路只是独善其身——天下有几个女子能有吕碧城那样的才华和家世？以秋瑾的才学，成为第二个吕碧城倒也不难，但这不是秋瑾的路，她要为天下女子闯出一条新路。正如她在留学之前同吴芝瑛说的那样：

> 吾所持宗旨如此，未来女学大兴，数十年后，必能达吾目的。然不有倡之，谁与赓续也？

从“妇女解放”到“民族解放”

这场劫难让秋瑾认定，“女子非自立不可，欲自立，非求学艺不可”。于是，她开启了疯狂的学霸模式。

在日本，秋瑾选定的学校是一所专门的女校，名叫“实践女学校”。这所学校开设“清国女子师范、工艺速成科”，学制一年，课业极其繁重。秋瑾读的是师范科，每周要学习教育、心理、物理、化学、生物、生理卫生、地理、算数、体操等，多达 33 个学时，再加上 6 小时的自修。

如果要说秋瑾在日本最大的收获，应该是她对中国正面临的大变局有了更清醒的认识。在这之前，秋瑾一直苦心规劝丈夫和大哥走科举的道路以光宗耀祖。而此时，她在写给哥哥的规劝信中却说：在未来的中国，想要出人头地，非知洋务不可。

为了打消哥哥的畏难情绪，让他也敢于走出国门留学，秋瑾为他规划了详细的路线图，其精细程度堪比今日的导航地图：

> 到长崎，则寄一邮片。到神户，可坐火车到东，坐火车时，打一电报，以便到车站迎接，或坐船直到横滨，则由神户发一邮片，当到横滨舟中迎接也。

就连到日本所学的专业，秋瑾都已经替他规划好，“于日语先为练习，他日至东可进蚕业或实业学科，以期实事求是耳”。

然而秋瑾还是不满足，她不仅希望自己和家人能有一技之长，更希望找到一种中国妇女易于掌握的职业技能。经过多方筛选，她选定了护士科。在她看来，这项工作“扶创恤痍”，是利国利民的大好事，更重要的是，非常适合女性参与！为此，她还参考日本有关书籍，自己编写了一本《看护学教程》，希望学成之后带回中国，让千千万万中国女性走出家庭后，有自食其力的本事。

但是，这一点在秋瑾遇到孙中山、黄兴等人之后，发生了巨大的变化。她已经意识到，解决一个问题，不能只在问题内部找出路，而是要在一个更大的范围内找出路。

旧时代的中国男子，普遍受到政权、族权、神权这三种有系统的权力的支配，“至于女子，除受上述三种权力的支配以外，还受男子的支配（夫权）”。因此中国女性想要走出家庭，闯出一条自己的路，不仅需要有谋生的技能、谋生的途径，更需要有允许女性谋生的社会环境。而要打造这样的社会环境，在当时必须通过更激烈的革命手段。中国的妇女解放事业已经和中华民族整体的解放事业融为一体。没有后者，前者就不可能成功。认识到这一点后，秋瑾很快成了中国同盟会的骨干成员，她本人也积极学习炸弹的制作方法，为后来的革命积蓄力量。

然而，正当一切都如火如荼地发展时，这股风潮引起了清政府的注意。1905 年 11 月，清政府联合日本当局，炮制了《关于令清国人入学之公私立学校规程》（即“取缔[①]规则”），严格限制留学生的行动。一旦有谁被指认为“性行不良”，就会被永远赶出留日学界。此举引发了中国留学生普遍不满，纷纷商讨应对之策。

① 日文的“取缔”相当于中文的“管束”之意。

面对时事变局，秋瑾往往是反应最激烈的那个，这次也不例外。在《朝日新闻》辱骂中国留学生“放纵卑劣”，陈天华不堪欺辱、投海自尽之后，秋瑾的反应更为激烈。当时她所在的“实践女学校”已经发出通告，禁止中国留学生到校外参加运动。秋瑾不吃这一套，冲破阻拦前往参加，并发表慷慨激昂的演说。校长下令，凡参与者一律退学，马上离校。秋瑾怒不可遏，站在校园路边斥责校方和日本政府对中国留学生的压制，以至于引起了一场骚动，招来了军警。

此后，秋瑾的反应越发激烈。她组建纠察队，到各大学校劝说留学生参与罢课，并在留学生集会上慷慨陈词，要求大家同心同德一致行动。说到激奋处，她拔出随身短刀，插在讲台上，“如有人回到祖国，卖友求荣，吃我一刀！”当胡汉民、汪精卫等人反对罢课归国时，秋瑾当即宣布他二人死刑，甚至包括鲁迅、许寿裳等人，也遭到了她的威胁。

客观地说，反对罢课回国的留学生不能一概而论。汪精卫、胡汉民等人当时还没有考入正规大学，只能混在速成班学习，一旦罢课归国，就拿不到清朝的官费，更会被开除，所以他们才主张妥协。鲁迅、许寿裳等人要是罢课归国，不仅学业中断，生活无着，连人身安全也会遭受威胁。当时身在越南的孙中山也表示不赞成回国。秋瑾的偏激做法事实上已经导致了留学生群体的分裂。然而，当时的秋瑾还理解不到这一层，只愤愤不平地喊道：中国人办事总是虎头蛇尾，从此后，不和留学生共事了！

1905 年 12 月 25 日，秋瑾登上横滨开往上海的轮船，结束了为期一年半的留学生涯，回到了满目疮痍的中国。她带着在日本的所思所学，欲为中国革命和中国妇女解放事业闯出一条新路。

热血洒去化碧涛

秋瑾回国后的第一件大事，就是全力赞助创办中国公学。早在留学生们为反对“取缔规则”奔走期间，就有远见者提议在上海创办专门学校收留安置这些归国学生。首批留学生归国后，就开始自筹资金，开办中国公学。秋瑾为此事四方奔走，“助力甚多，由是瑾之信义，著于遐迩”。

不得不说，秋瑾从“取缔风潮”的历练中也获得了宝贵的经验。冷静下来后，她开始反思自己的作为。她给留在日本的留学生写信说：“盖君之志则在于忍辱以成其学，而吾则义不受辱以贻我祖国之羞，然诸君诚能忍辱以成其学者，则辱也甚暂，而不辱其常矣。吾素负气，不能如君等所为，然吾甚望诸君之无忘国耻也。”

其实，对于任何事业，都要容许不同的声音存在，前提是大家的目标一致。只要在这个前提下，团结一切可以团结的力量，事情才有可能做成。经过此番历练的秋瑾，心智上更加成熟，身段也越发柔软。

按照秋瑾的计划，应该适应当时风潮，创办女性刊物，为女性解放发声。但是当时报刊界唯一一份女刊《女子世界》因为“文法太深”，用今天的话说就是不接地气，很少有妇女能读懂。于是秋瑾立志创办一份通俗刊物《中国女报》，要让更多的妇女可以看懂，以便“开通风气，提倡女学”。为了筹集钱款，秋瑾放下身段，坦然地去求告那些阔太太：

> “有钱的太太奶奶们发个慈悲心，或助钱财，或助势力，开女工艺厂也好，开女学堂也好，使女子皆能学习学问手艺，有了生业，就可以养活自己”，其功德“比烧香、念经、拜菩萨要大几千倍几万倍”。然而即便如此，“入股者仅四五人，集款才数百元”。

1907年1月14日，《中国女报》第一期出刊。

秋瑾对于这份刊物寄予了厚望，联络了几乎所有能动用的关系，包括闺密吴芝瑛的丈夫。当时此人掌握着上海的文明书局，严复的《天演论》就是该书局出版发行的。《中国女报》的风格依秋瑾所想，全部以白话文创作，内容更多的是揭露当时女子所受的各种压迫与不公，主张男女平权。“但是从此以后，我还望我们姐妹们，把从前事情，一概搁开，把以后事情，尽力做去。”

做什么事呢？

秋瑾对女性同胞说，封建伦常，旧习恶俗，固然是套在妇女身上的枷锁，但其根源是妇女在经济上无法独立，都是“女子不谋自己养活自己的学问艺业，一生唯知依男子所致”。“但凡一个人……如有志气，何尝不可求一个自立的基础，自活的艺业呢？”那要如何才能自立自活呢？秋瑾认为，应当大兴女子教育，让女子有机会学习文化科技知识。到这里，秋瑾形成了自己对于妇女解放的完整思路：读书—毕业—就业。她热情讴歌这样的新社会：“一来，可使家业兴隆；二来，可使男子敬重，洗了无用的名，收了自由的福。归来得家族的欢迎，在外有朋友的教益。……如再志趣高的，思想好的，或受高等的名誉，或为伟大的功业，中外称扬，通国敬慕。”这样的世界，就是秋瑾心目中的“美丽文明的新世界”。

事实上，秋瑾很早就开始实践这种思路。还是在1905年回国探亲前，她在东京遇到一位叫蔡竞的女子。蔡竞遭到丈夫的抛弃，人又过于“老实无用”，连生计都成了问题。秋瑾于是将她带回绍兴，送她进入绍兴手工学校，期望她在一年后可以自食其力。

对于那些有心走出家庭的女子，秋瑾也积极鼓励她们留学，“束轻便之装，出幽密之闺房，……络绎东渡，预备修业”，“毕业以后委身教育，或任教师，或任保姆，灿祖国文明之花，为庄严之国民之母”。1905年，留日学生王时泽的母亲从湖南到东京看望儿子，秋瑾不仅热情接待，还反复宣传女子应当受教育的道理，竟然让这位已经43岁的妇女重新点燃了生活的希望，与儿子一起留在日本读书。

秋瑾的种种努力让青年时的周恩来都敬佩不已：“秋瑾是个新的女性。自秋瑾带头打破三从四德这种封建束缚以来，社会风气为之一变。在反帝反封建的口号未喊出之时，她敢于仗剑而起，和黑暗势力战斗，真不愧为一个先驱者。”

秋瑾的成就其实源自她积极地回应了那个大变局时代的要求。在那之前，小农经济社会其实根本没有做好接纳这些女性劳动者的准备，也不会有很多适合女性的工作岗位。只有到了近现代，经济发展足够活跃，才会诞生更多适合女性劳动者的岗位，让女性得以昂首挺胸地进入职场，争取属于自己的权益。就在距离绍兴不足300千米的南通，实业家张謇开办了女子师范学校和南通女工传习所，解决了当时许多女子的生计问题。尤其是南通女工传习所，由清宫绣工科总教习沈寿担任所长兼教习，培养出的学生手艺精湛，成了各方的抢手资源，“毕业后应赣闽皖浙苏沪四方之传习，而籍以谋生者，不知凡几”。

可惜的是，秋瑾宣传男女平权、妇女解放，在那个时代显得太过于超前。她的主张遭到了顽固派强烈的抵抗，她创办的报纸也在出版两期之后黯然收场。秋瑾明白，若不打破这些枷锁，就不可能有真正的妇女解放；要打破这些枷锁，就不可能依靠常规手段。

1907年年初，秋瑾回到了故乡绍兴。此时，她的儿女被丈夫王子芳送回了湖南王家，秋瑾的母亲业已辞世。于她而言，这个世界已经了无牵挂，可以全身心地投入斗争了。但是即便如此，当时的清政府也远比革命派强大太多，秋瑾领导的起义很快失败。

事实上，秋瑾有无数次机会安全离开。早在回绍兴前，在爪哇（印度尼西亚岛屿）兴办华侨教育的光复会成员就曾经邀请她去爪哇兴办女学。秋瑾欣然同意，打算动身前往，但陶成章等人以“国内革命需要”为由劝阻，秋瑾才放弃了去爪哇的打算。

1907年，与秋瑾交往甚厚的徐锡麟刺杀安徽巡抚恩铭得手，徐锡麟被捕后英勇就义。清政府开始大肆搜捕革命党。7月13日，知府贵福、知县李钟岳带人包围秋瑾的基地——大通学堂。直到此刻，秋瑾仍然有机会脱身，但她放弃了这最后一次机会，“仅令诸学生及办事人先走”。此时的秋瑾已经抱定了舍生取义的决心。正如她在致王时泽的信中所说，“男子之死于谋光复者，则自唐才常以后，若沈荩、史坚如、吴樾诸君子，不乏其人，而女子则无闻焉，亦吾女界之羞也。愿与诸君共勉之”。

公堂之上，当李钟岳命令秋瑾写供状时，秋瑾落笔写下一个“秋”字。霎时间，秋瑾仿佛回到了少女时代写下“秋风愁煞人，秋雨愁煞人”的那个瞬间，当时还惹来老父亲很大的不快，劝诫自己不要如此“衰飒”。如果老父亲活到今天，知道女儿正在从事如此伟大的事业，还会不会“屡以衰飒为戒”？

想到这里，秋瑾继续挥笔，写下“秋雨秋风愁煞人”七个大字，作为对清廷最后的“供状”。知府贵福见状，知道秋瑾不会屈服，决心尽快除掉她。1907 年 7 月 15 日凌晨，年仅 32 岁的秋瑾从容跨出牢房，反绑双手，戴着脚镣，走向了轩亭口……

对于秋瑾的牺牲，有人颂扬其英勇无畏，有人觉得这是对“宁愿做烈士”的流血迷恋，是“虚无时代的任性牺牲”。我们不主张无谓的流血、轻易的牺牲，但是如果一项事业、一种信念，尤其是革故鼎新的事业与信念，没人愿意用生命交换，又如何令人信服呢？

秋瑾的血没有白流。清廷的残暴引起整个社会的公愤。即便是一些思想守旧、不同情革命的人，也站出来指责清廷的残暴：秋瑾没有口供，为什么要斩杀一个没有坐实罪行的人？轩亭口是处决强盗的地方，秋瑾是强盗吗？总之，没人站在清廷一边。主持杀害秋瑾的李钟岳经不起良心的谴责，不久后自缢谢罪。贵福在浙江无法立足，请求调任安徽宁国，宁国人自发组织起来拒绝贵福到任，他惶惶不可终日，就此下落不明。舆论的浪潮如此汹涌，一些原本不知道秋瑾的人也从此知道了这样一位女英雄，不懂革命的人也因此受到了革命的教育。浙江全境燃起起义的烽火，从绍兴与萧山之间的钱清到嵊县（今嵊州）的白竹林，从处州府的缙云县到南山，到处都是光复军为秋瑾复仇的旗帜。

1911 年 10 月 10 日，武昌起义爆发后，浙江革命党人随即发动起义，光复全省。其中大部分主力都是秋瑾生前的同志和受过她影响的人，有些还是她亲自发展加入革命党的。他们一致认为："吾浙实由秋瑾倡之，联合之，故组织颇为完善。"

于秋瑾个人而言，她或许是个不太成功的娜拉，她抗争过，妥协过，对抗过，却最终没能看到成功的曙光。但是，对于全天下的"娜拉"来说，她又是成功的。正如郭沫若评价的那样："秋瑾所走的路正是'娜拉'的答案。求得应分的学识与技能，以谋生活的独立，在社会的总解放中争取妇女自身的解放；在社会的总解放中担负妇女应负的任务；为完成这些任务不惜以自己的生命作牺牲——这些便是正确的答案。"

尾声 美丽新世界

秋瑾牺牲之后，更多的"娜拉"走出家门，参与革命，和男性战友一起缔造了一个新的、公平的、有着充分尊重的世界。妇女们用自己的热血和双手，在这个时代的大变局中为自己赢得崇高的地位，赢得了本该属于她们的尊严。她们也凭借自己的成就，理直气壮地喊出"同工同酬"的主张。

秋瑾描述过自己心目中的美丽文明新世界：

> 女子经商或教习，电局司机亦玉颜。铁道售票皆女子，报馆医院更多焉，银行及各样商家店，开设经营女尽专，哲学理化师范等，普通教学尽婵娟……

而今，秋瑾的后辈的成就远远超出了她的想象，不仅在基层发挥不可取代的作用，还成为女科学家、女教授、女高管、女金融家、女航天员、女政治家……

不知道秋瑾如果能看到今天的种种，会不会想起当年她说过：

> 吾所持宗旨如此，异日女学大兴，数十年后，必能达吾目的。然不有倡之，谁与赓续也？

第五章

辜鸿铭 不合时宜的堂吉诃德

“你，你把祖宗留给你的‘神鞭’剪了？”

“祖宗的东西再好，该割的时候就得割。

我把‘鞭’剪了，‘神’却留着。”

——冯骥才，《神鞭》

引子

某一日，苏东坡下班回家，在后花园里散步。突然，他指着自己的肚子问家人：你们有谁知道，我这肚子装的是什么？

一人恭维道：您腹中都是文章。苏东坡不以为然。另一人说：满腹都是见识。苏东坡也摇摇头。只有爱妾王朝云说：大学士一肚皮的不合时宜。

苏东坡捧腹大笑道：还是你知道我啊！

苏东坡的确是个“不合时宜”的人。当时的北宋官场是旧党和新党的搏杀场。旧党以司马光为首，主张祖宗之法不可变；新党以王安石为首，主张“天变不足畏，祖宗不足法，人言不足恤”，坚定不移地推行变法。按理说，支持任何一方，或者随波逐流，甚至当个清闲官员，都不至于过得太惨，但是苏东坡却偏要“不合时宜”：旧党执政时，他说国家已经到了不得不变的地步，因此得罪了旧党；新党执政时，他说变法过于激进，导致民怨沸腾，又得罪了新党。于是可怜的苏东坡只好一次次被贬，一次次被赦免，再一次次被贬。后来，执政者干脆把他发配到了海南岛，眼不见心不烦。回顾这段经历时，苏东坡不由得自嘲道："问汝平生功业，黄州惠州儋州。"

古往今来，这种"不合时宜"屡见不鲜。在晚清至民国，也有这样一位"不合时宜"的知识分子，像极了当年的苏东坡。当时的社会风潮是"唯新唯西"，他却旗帜鲜明地反对西化。时代已经进入民国，剪辫已成风潮，他却逆潮流而动，以留辫子为荣。当整个社会都以引进西方思想为荣的时候，他却在努力地把中国典籍翻译成外文。

他就是辜鸿铭。

他们的才华也颇为相似。苏东坡诗词歌赋、书法、绘画无一不精，辜鸿铭也在欧洲名校间往来自如，拿下 13 个博士学位，精通 9 门外语。

甚至他们的遭遇也极其相似。苏东坡"不是在被贬官，就是在被贬官的路上"。而这位仁兄也不容于当时社会，以致晚年不得不远走他乡。

在口口相传中，他们的功业和形象也被不同程度地无视和扭曲。今天人们对苏东坡的第一印象是个"生活美学家"，是个"有复原力"的人，是个"千古第一有趣的人"，却极少有人提及他每做官一任，即造福一方。在杭州，他疏浚茅山、盐桥两河，修六井，筑西湖堤，也就是后来的"苏堤"。在徐州，黄河泛滥之际，徐州城下水深二丈八尺九寸（近 10 米）。苏东坡亲临城头带领军民抗洪，夜宿于城上，筑长堤 984 丈（超过 3 千米），阻挡了肆虐的洪水。在武昌，他上书太守要求禁杀婴儿，尤其是女婴，并成立救儿会，救活数千婴儿。在儋州，他免费为海南学子讲学，学生姜唐佐成为海南历史上第一个进士。

辜鸿铭则更加不堪。当时人们众口一词地说他“怪”。在中国近代思想文化史上，没有谁像辜鸿铭这样赢得中外诸多硕学鸿儒众口一词的“怪”名声。胡适称他“怪物”；林语堂称他“怪杰”；周作人称他“北大顶古怪的人物”；《世界范围内的反现代化思潮》的作者、美国学者艾恺，也称他是“极端甚至怪异到不类的文化保守者”；温源宁直截了当地说他不过是“一个生性反叛之人。与众不同是他的快乐和骄傲”，用今天的话说就是“作秀”。今天流传于各种媒体的记忆也多半集中在他留辫、赞同纳妾（“茶壶茶杯论”）、支持裹小脚，完全是一个极端保守的老顽固。然而，没人知道他曾经影响了张之洞，“中学为体，西学为用”就来自他的启发。八国联军侵华时，他积极建言“东南互保，积极备战”并联络相关事宜。当侵略者颠倒黑白，要求清朝“赔偿损失”时，他在报纸和媒体上勇敢揭露传教士的伪善和列强的凶残。当他看到一群外国“汉学家”浮光掠影地看几眼中国典籍，就敢于将其翻译成外文来扭曲中国形象时，他积极站出来，用外国人能听懂的方式翻译中国典籍，为中国正名。

所谓的不合时宜其实是另一种坚守。苏东坡做过地方官，亲眼看到，也亲自体察过百姓的疾苦，明白“民生”才是国本，所以才敢于公开和权贵唱反调，以致殒身不恤。而这也成为他的精神脊梁，让他成为一个打不倒、摧不垮的精神斗士。

但辜鸿铭呢？他生在南洋，少年时代在欧洲求学，进出都是英国爱丁堡大学、德国莱比锡大学这样的名校。论起来，当时中国那些满口西学的人，谁能比他更了解西方？那些人推崇的西学，怎么能比辜鸿铭掌握的更加原汁原味？可为什么辜鸿铭却像个从来没有出国，也没有接触过西方的老学究一样，对西方如此排斥呢？

辜鸿铭到底在坚守什么？

哲学家是一种性格

今天人们最常见的辜鸿铭的形象源自一张照片。照片中的他方面大耳，眼大而有神，留着两撇欧式上翘的胡须，头也欧式地向斜上方 45° 昂起。如果不是戴着一顶瓜皮帽、套着一件马褂，那趾高气扬的气势一定会被人误认为是欧洲某国的王储。

但年轻时的辜鸿铭不是这样的。在今天流传下来的一张照片中，辜鸿铭是个颧骨有些高、面容清矍的青年，用英国探险队队长科鲁洪的话说，“生得颇为精致、缺乏男子气概”。那是在 1882 年，科鲁洪正奉命组织一次考察。当时英国在东南亚的势力如日中天，正在和法国争夺东南半岛的霸权。英国打算抢在法国人的前面，以缅甸为跳板，打通一条缅甸进入云南的通道，以便掌握中国的西南腹地。

这种异国探险最缺的就是精通各种语言的翻译。正在科鲁洪一筹莫展之际，英国驻华公使威妥玛向他推荐了自己的前私人秘书辜鸿铭。威妥玛虽然只和辜鸿铭相处过很短的时间，还因为意气不相投而分道扬镳，但是对辜鸿铭的语言天分、文学才华和政治眼光相当佩服，尤其是他精通西方多国语言，一定能胜任此次探险任务。

但是威妥玛没有想到，正是这次探险，剪断了辜鸿铭对西方的最后一丝牵挂，把他彻底推进了反西方的阵营，而且成了其中最坚定的一员。

事实上，辜鸿铭的这种决断不是一朝一夕形成的，甚至不是他在自传中写的那样，受到马建忠的点化与感召，感受到母国传统文化之博大精深才下决心回归成一个中国人的，而是由一系列大大小小的事情累积而成的。

辜鸿铭与西方的渊源源自辜家的“下南洋”。不过，至于辜家先祖何时，又是如何流落到马来半岛，并成为开发当地的先驱的，已经不可考。辜鸿铭的曾祖父辜礼欢那一代还只是贫苦的渔民。后来辜礼欢硬是凭着自己的朴实能干、处事公道，成了当地华侨、土著、印度人心目中的领袖。甚至一些流浪的海盗也闻风赶来投靠。

1786年，英国人占领了马来半岛，赶走盘踞此处多年的荷兰人，成为新的殖民者。辜礼欢率众迎接，让英国人非常高兴，任命他为当地的“甲必丹”，意思是侨民领袖。殖民头子还非常高兴地给上司写信：“在威尔士王子岛（马来半岛），我已经正式任命最可尊敬之华人辜礼欢为甲必丹。”辜家从此开始发迹，辜礼欢不仅拥有了自己的胡椒种植园，后来还成为当地公路委员会唯一一位非英国籍委员。他的儿子中也有许多人才：辜国材成为新加坡的早期开发者；辜安平回到祖国读书，进士及第，还成了林则徐的部下，后来调任台湾，成为台湾辜氏的始祖；辜龙池在殖民地政府中任职，还得到一个“拿督”的头衔。辜龙池的儿子辜紫云无心从政，在英国人布朗（Forbes Scott Brown）开设的橡胶种植园中担任主管，后来娶了一名西洋女子为妻，生了一个孩子，就是辜鸿铭。

辜鸿铭的童年就是在这种“二等贵族”的优渥环境中度过的。

大约在1867年，布朗夫妇打算回英国，就把橡胶园全权委托给了辜紫云夫妇。可他们实在舍不得聪明伶俐的辜鸿铭，于是在征得辜紫云夫妇的同意后，把小辜鸿铭带去了欧洲，去接受欧洲的正统教育。那一年，辜鸿铭只有10岁，他传奇的一生由此开始。

今天的人们对辜鸿铭最津津乐道的是他游走在包括莱比锡大学、牛津大学、爱丁堡大学、巴黎大学在内的欧洲顶级名校间，拿下 13 个博士学位，精通 9 门外语的壮举。在 2021 年热播的电视剧《觉醒年代》中，辜鸿铭简直就是一个行走的数据库：所有的论据，时间、地点、人物、事件、起因、经过、结果、影响，信手拈来，无一疏漏，往往怼得别人哑口无言。人们把这归结为他天纵英才。但是如果有机会走近求学时期的辜鸿铭，人们就会发现他的学习方法非常简单，就是“背”和“抄”。学德语，他就背《浮士德》；学英语，他就背《莎士比亚全集》。学生凌叔华后来回忆说，古稀之年的辜鸿铭依然能信口背出一些欧洲名著的原文。

辜鸿铭的另一绝技“抄”也毫不逊色。每到周日，他就揣起铅笔，跑到各个图书馆、藏书楼抄书。一旦遇到不常见的孤本，辜鸿铭甚至不惜全抄。许多西方人都不敢和他对话，因为他读过的书连西方的许多学者都没读过。

人常说，聪明人都会下笨功夫。这句话是不是可以反过来说？敢下笨功夫的人，才是聪明人。

辜鸿铭到欧洲时，欧洲的启蒙运动已经取得了全面胜利。启蒙思想家们倡导理性思考与判断，用科学的态度观察、解释自然现象和社会现象，把科学理性当作一切现成事物的最高裁判。正如恩格斯所说：“他们不承认任何外界的权威，不管这些权威是什么样的。宗教、自然观、社会、国家制度，一切都受到了最无情的批判；一切都必须在理性的法庭面前为自己的存在作辩护或放弃辩护的权利。”

理性的光辉带来了科技的昌明，科技的昌明带来了生产力的飞速发展，强大的生产力又积聚成强大的国力。到 1850 年，光是一个英国普通工人的日生产效率就是之前的 20 多倍，而同时期的英国占世界工业产值的 39%，占世界贸易总额的 21%，是当时当之无愧的世界第一强国。

按理说，辜鸿铭在这样的环境里接受顶级的教育，从少年成长为青年，无疑是当时的中国人中最懂西方的人。既然如此，他为什么没有像其他人一样，为之倾倒，进而崇拜和拥护呢？为什么他后来会成为一个坚定的反西方分子呢？

这里面当然有大环境的问题。

在科技昌明、国力强盛的背后，人们的生活却是极端痛苦与压抑的。在这之前，人是生产的主人，可以自由地参与生产的全过程。机械化大工业铺开后，分工越来越细，专业越分越精，工作越干越单调，生活越来越乏味。科技让人们摆脱了封建领主的奴役，却转手把他们推向了机器的奴役。人们异化成了机器的专属零部件，距离启蒙运动倡导的“自由、平等和民主”的初衷越来越远。

更重要的是，传统的道德观在物质文明的理性面前不堪一击。当有人认为某些行为不符合传统道德时，立刻会遭到“理性”的诘问：“你所谓的道德经过逻辑缜密的推理吗？有严谨翔实的数据支持吗？能为社会带来切实可见的好处吗？如果没有，为什么要遵守你那道德呢？”按照这种标准，金钱反而是这世间唯一公平的东西：不会白给，只能各凭本事争取；一分耕耘一分回报；即便是凭运气得到的财富，也一定会因为个人实力不足而亏光。就这样，自私成了推动社会进步的力量，愿赌服输成为社会的共识，竞争带来的焦虑感反而成了上进的象征，传统道德被弃之一旁。

欧洲版的“礼崩乐坏”正在上演。

每到这种思想动荡的时代，总会涌现出许多思想家，他们试图拨乱反正，重建秩序，由此呈现“百家争鸣”的热闹景象。但是无论有多少流派，都不外乎两种：与时俱进派和人心不古派。与时俱进派认为既然潮流已来，不如顺应潮流，与潮流共舞；人心不古派则会痛心疾首，试图扭转潮流，让时代恢复旧秩序。

在当时的欧洲，前者发展出了进化论思想，后者发展出了文化保守主义。文化保守主义者的共同特点，就是他们总把历史上的成就高度理想化，认为那就是不二法门，偏离它是不对的，只要改回去就能天下太平。

很不幸，辜鸿铭在欧洲求学期间，身边聚满了保守主义者的声音。诗人华兹华斯和雪莱痛恨现代社会那些无知又自私自利的“机械人”，认为那种庸俗的功利个人主义只会让社会贫富分化、道德败坏。辜鸿铭的授业恩师托马斯·卡莱尔直言不讳地说，世界已经走上了一条错误的路，“现金交易已经成了唯一的联系”。那位把辜鸿铭带进欧洲社会的养父布朗，更是谴责“欧洲各国和美国都已变成了野兽”。这无疑给辜鸿铭传递了一个极其强烈的信号：物质文明容易进入一条糟糕的死胡同，那是不值得踏入的一条路。

相反，这些人对中国文明却又抱着一种奇特的信心和崇拜，“中华民族没有一个超验的上帝，有的只是基于现实的儒教，然而作为一个国家，中华帝国似乎是一个历史的奇迹，他一直保持自己的独立，显示其不可动摇的生活准则”。中国文明“是人类的一线光明”，儒家文化“是中国的民主思想”，孔子是“哲学上的华盛顿”，孔子的人格“可以作为人类努力向上的榜样”。这很难不让几乎没有真正接触过中国传统文化的辜鸿铭心生向往。

如果说辜鸿铭被保守主义的思想和声音裹挟而反对西方，那为什么同样游历欧洲的严复却接受了进化论思想呢？因为严复来自正在遭受苦难的中国，知道中国为什么遭此苦难，明白中国当下最需要接纳物质文明带来的思想解放，而不是屏蔽它。这种痛楚是辜鸿铭体察不到的。辜鸿铭生在南洋的优渥之家，无法像严复那样对母国正在遭遇的苦难有切身体会，他在众位师长的教诲下，把自己屈辱经历中的一切苦难都归咎于物质文明的昌盛带来的“礼崩乐坏”，以致在这条路上越走越远，越陷越深。

尽管辜鸿铭在南洋算是个“二等贵族”，但在一些傲慢的欧洲人眼里却什么都不是。当初辜鸿铭离家前，父亲曾叮嘱他，一要时刻记住自己是中国人，二要保住辫子。可这条辫子成了一些极端种族歧视者的嘲讽对象。

这样的事情多了，辜鸿铭的性格就变得越发敏感和尖刻。在英国求学时，他按照家乡的习俗，布置一大堆贡品祭祀祖先，房东看见就问：“你的祖先什么时候来吃呢？”仅从字面上，很难说这是一句带着恶意的调侃还是一句好奇的简单询问。而辜鸿铭的回答表面得体、暗含尖刻：“就在你的祖先嗅到你所献鲜花的香味时。”

多年以后，英国作家毛姆拜访辜鸿铭时，难掩悲哀地说：“这证明了我的一个意见，哲学家的信仰不是依着明显的根据，而是依照他自己的气质。他的思想只是要把他直觉所认为对的东西造成合理的。”

时代的大背景、个人的遭遇、本人的性格围绕着辜鸿铭，于是，一个由保守主义思想构筑的“信息茧房”彻底成形。今天我们常说，越无知的人越固执，越有种莫名其妙的勇气。其实，单方面的知识架构和信息投喂比无知更可怕。无知的人在碰壁之后尚有机会意识到自己的无知，而陷入“信息茧房”的人被单一的知识塞满了脑子，只会用单一的知识去硬套眼见的一切，从而得出片面的结论，却不会怀疑自己有错。

1878 年，辜鸿铭回到阔别已久的家乡马来半岛。此时他的父母早已去世，当年的种植园也已经易主。辜鸿铭不能认同当地族亲的观念，只好在殖民政府中谋了个差事。在自传中，他浓墨重彩地描述了这一时期自己如何遇到了马建忠，又如何与之相谈甚欢，以至于被他说动，放弃了殖民政府的职务，回到了从未踏足的祖国。但他却在刻意淡化这一时期接到科鲁洪探险队招募的事。

那时，辜鸿铭还不知道自己加入了一支什么样的探险队。这个任务看上去还不错：一来有一笔不错的报酬，二来“便于重回祖国怀抱，游历华南山川”，实在是一举两得。科鲁洪把这个受过欧洲高等教育的东方面孔当作“大英子民”看待，礼遇有加。但是随着路途的深入，辜鸿铭逐渐看透了此次探险的真实意图，原来是要继续当年“马嘉理探险队”未能完成的任务！

1875 年年初，威妥玛派遣公使馆翻译马嘉理从清政府总理各国事务衙门（简称“总理衙门”）弄到几张凭证，允许他从北京出发，穿过大半个中国，由云南进入缅甸。中英之间的条约规定，沿途的中国地方官员都必须配合他的“工作”。于是，马嘉理不仅一路畅行无阻，甚至可以肆无忌惮地刺探沿途情报，像军事地图绘制人员一样记录山川地理、城镇驻军。到了云南南甸时，地方官李珍国给他提供了不少帮助，还在见到他时行跪拜礼。

其实当地官员之所以如此恭敬，完全是因为马嘉理一行人持有北京颁发的护照，对其跪拜只是按官场规则行事而已。但是马嘉理却误会了这一举动，还以为地方政府已经对他们唯命是从，这让他越发狂傲。

当马嘉理带着由地理学家、工程师、测绘人员和300名武装卫兵组成的探险队从缅甸回到云南境内的时候，竟然不经过中国政府的许可，贸然闯入。按国际法，马嘉理已是货真价实的武装入侵了。探险队随即被当地军民拦截，继而发生冲突。马嘉理开枪伤人，他本人及4名卫兵被击毙，尸体被投入当地一条河。后随的探险队及其武装卫队也在数千当地军民的驱赶下被迫退回缅甸。事后，清廷责成李鸿章作为全权大臣与威妥玛谈判。李鸿章委曲求全，把云南相关地方官革职查办。威妥玛自知理亏，也不多做要求，只提出中方须派大员前往伦敦谢罪，这才有郭嵩焘出使英国的举动。

这就是“马嘉理案”的真相。

当时，辜鸿铭发现自己竟然在无意中成了“马嘉理第二”，心中愤恼不已，决心搅黄这次探险。在随后的旅程中，他开始消极怠工。科鲁洪不明就里，还以为他是在畏难。当行走到广西百色时，双方的矛盾终于爆发。

> 我确信我们这位翻译在为自己的利益而与这些官员交谈，而不是居间翻译，事情已到了不可忍的地步。我认为我那时忍不住才发了火，抓起一本书，摔到他的脑袋上。

肉体遭受的一击彻底颠覆了辜鸿铭对西方文明及西方绅士

礼仪的最后一点儿好感。他立即义正词严地对科鲁洪说，他受此侮辱，不可能再与探险队同行了。辜鸿铭随即离开了探险队，科鲁洪便在各种场合中诋毁辜鸿铭，“出于厌恶和幻灭，他彻底丢弃了他以西方文明装饰的外表，按中国方式结婚和生活，变成了一个刻毒的反西方分子”。这意味着辜鸿铭在当时整个东南亚的英属圈子里坏了名声，他将无法在任何一个英属部门中找到工作。但是辜鸿铭不在乎。

三年后，他加入张之洞的幕府，开始了他一生中最快乐的20年时光。

来自中国的声音

晚清的中国已经成了一个超级大战场。

这里有明处的刀光剑影，也有暗处的纵横捭阖，有内部倾轧，也有对外争夺，有军事斗争，也有金融贸易的搏杀。各种新式武器、新式思想、新式战争手段，在中国这片土地上统统能找到试炼场，充分展现自己的杀伤力。

在许多战场上，中国人尽管屡战屡败，但是总有一战之力。然而，在一个战场上，中国人却毫无还手之力，始终大败亏输。这个战场就是舆论战场。因为当时的主流媒体是报纸，而几乎所有的报纸都掌握在西方人的手中。比如《字林西报》。其前身是《北华捷报》，于1850年由英国商人奚安门（Henry

Shearman）在上海创立，宗旨是“公正而非中立”，后来经过多次转手、重组，最终变成了《字林西报》，并发展成为近代中国历史最长、影响最大的英文报纸。

但更重要的是，中国人那时还没有意识到舆论也可以成为战场，更不要说理解西方舆论战的思路和手段了。由此造成在相当长的一段时间内，舆论场上只能听到外国人的诋毁，听不到中国人的申辩。即便有人意识到舆论的偏颇，也无法给予有力的回击。

随着一系列不平等条约的签订，西方人在中国获得越来越多的特权，尤其是传教士，这个被辜鸿铭斥责为“黑龙骑士”的群体，更是成了各国文化入侵、刺探情报的急先锋。传教士们为表现自己的工作成绩，将入教会的门槛一降再降，让许多本非良善之徒也借机进入教会，成了特权阶层，由此和普通民众之间的矛盾日益严重，导致各种教案频发。

每发生一起教案，传教士就向公使馆告状，公使馆立即对清政府施加压力，动不动就以炮舰进行威胁。接着，清政府就会向外国人屈服，镇压本国人民，赔偿教会损失。传教士得逞后更加放肆，人民对其愈加痛恨，在忍无可忍的情况下又起来反抗。如此恶性循环，使矛盾不断激化。

1891 年“丹阳教案”发生后，《字林西报》对教案的报道和讨论从 5 月一直持续到 12 月。报纸把教案称为“骚乱”，把参加教案的民众称为“暴民”，该报的“公正”由此可见一斑。

在每篇报道中，《字林西报》都会先详细说明教案中“暴民”焚毁多处教堂、抢劫教堂财物、围堵攻击传教士及其家属，打死外国人，攻击外国在华学校、医院、海关大楼等情况，好突显教会损失的严重性，以博取欧美读者的共鸣。

> 围攻者有条不紊地去烧教堂、牧师的住所、男子学院以及其他建筑，乞丐、吸食鸦片者、船员以及其他所有工作人员将一切可以携带的东西都带走——烧了一半的木头、石头、瓷砖、砖块，都被搬走了。
>
> 暴民挖出了骨骸，将之堆在一起。他们将头骨堆成一堆，这个可怜的遗骨，上面还残留着些许肉体，一些衣服的碎片，暴民将之拖走，挂在了牧师大门前，俯瞰着运河以及忙碌的街道。这些粗暴之人在做这些事之时，通常会伴随着中伤以及侮辱性的呼喊。
>
> 海关的格林先生以及阿尔根特先生，都是遭到这些暴民袭击的受害者。他们被杀害了，据说，是以一种非常残忍的方式，用大石头将他们的头部压碎。

在讲故事、渲染气氛、调动情绪方面，西方媒体一向做得非常好。

直到 1891 年 7 月 24 日，《字林西报》突然出现了中国人的声音。署名“一个中国人”的作者发表了一篇言辞激烈的反传教士文章，公开为“吾国吾民”辩护，抨击在华传教，反击西方对华反洋教斗争的种种污蔑，立即引起了在华传教士们的关注和恐慌。

文章宣称：“在所有这些教案中，外国公众只能听取当事一方传教士的一面之词，而人民的声音却听不到。现在我代表那些人民提出下列考虑，我相信这在每个正直无私的外国人看来都是公正的。”

作者把来华传教士公开宣称的目的归纳为三点，即提高民德、开启民智、慈善，但是传教士当下的所作所为却与这些目标背道而驰。

说是“提高民德”，可是传教士们吸纳的却是中国人中“最差的人、虚弱者、无知者和邪恶堕落者”，并非最优秀的富有教养的中国阶层。传教士们还以金钱利益吸引人入教，怎么可能提高民德呢？

“开启民智”则更加可笑。传教士们一方面嘲笑清朝官员对日食、月食大惊小怪，一方面对信徒说太阳和月亮都要听命于耶稣的意志，“这些在欧洲焚烧和残害科学家的教中人，却在中国把自己装扮成科学和智识启蒙事业的斗士”。这让所谓的“开启民智”看起来更像是一场“智识把戏”。用这种“智识把戏”愚弄中国人，还要借助坚船利炮强迫中国人接受，当然会引来中国人的憎恨。

至于“慈善”，传教士的证据就是各个新教医院和天主教孤儿院。但是用同样的钱，为什么不请专业的医生和护士呢？更重要的是，这所谓的“数百万的费用中，到底有多少被用于减轻中国人的痛苦，又有多少被用于供养传教士及其家眷，用于修缮漂亮的住房和疗养院，用于他们长篇的信笺和邮票的费用，用于支撑他们的讨论会和一时冲动的兴会呢？”所以，这种所谓对中国人的“慈善”，不过是“为了那些失业的专职人员而设计的巨大慈善计划”。

最后，文章作者指出：在华传教对中外双方都无益处，中国人仇外的根源在于传教士的傲慢自大和放肆狂妄。仗着炮舰撑腰，传教士将基督教强加给中国人民，激发了中国人强烈的仇外情绪，这种仇外情绪进而损害欧美等西方国家的在华利益。对于中国人持久的伤害，最终也会伤害外国人。现在传教士们动辄要求坚船利炮的“保护”，但是，当这些舰炮介入时，就会成为一场战争的标志，不是同中国政府对抗，而是一场反对中国人民的战争。

这篇文章一经发表，立刻掀起了轩然大波。在随后的四个月间，各色人物粉墨登场，对文章的内容进行各种角度的口诛笔伐。有传教士，有信徒，还有诸如“一个外国人”“门外汉”“商人”“另一个中国人”这种五花八门的署名。他们有的拿出数据，有的用理论推导，有的就是简单地点赞、站队、喊口号，但目标非常统一：批驳“一个中国人”。但奇怪的是，“一个中国人”却再也没有对此做过任何回应。

直到 1901 年，辜鸿铭把这篇文章收入自己的文集时，人们才知道当年那位“一个中国人”正是辜鸿铭。而他不做回应是因为被禁言了。

《字林西报》刊载了那篇文章，彰显了自身的客观性，全面反映中国人对教案的态度，引起传教士对自身行为的思考，同时又引战，吸引了流量。该报通过大量读者来信批判辜鸿铭的观点，为传教士辩护，同时又压制辜鸿铭的声音，给读者造成“支持传教士的才是多数派”，而“反对传教士的‘一个中国人’被驳斥得哑口无言”的错觉。这就是《字林西报》主张的“公正而非中立”。

今天许多媒体制造争议、吸引流量、带节奏的手段，当年的媒体人已经玩得非常娴熟了。

但是，区区一份报纸终究不能一手遮天。《为吾国吾民争辩书》一文后来被英国《泰晤士报》摘要转载，让西方舆论界第一次听到了来自中国的声音，一些有识之士也开始反思在华传教士的问题：炮舰庇护下的传教，真的是明智的吗？

辜鸿铭没有因为此次禁言被吓倒，在之后的岁月里，他持续为中国发声。在八国联军侵华时，他发表大批文章，义正词严地为中国辩护。他满含嘲讽地说：

一个可怜的寡妇最近家里来了一些客人，这些客人不让她按照自己的方式管理家务，并有意无意地纵火焚烧她的家。而后这位老太太在满怀忧愤与悲伤之时，依然千方百计地派臣仆去救援他们，这些客人竟堵上门并向仆人们开枪。你要那位老太太如何是好呢？一般明白事理的人都会说，打发这些蛮不讲理的客人，让他们管好自己，并尽可能按照她认为最好的方式管理自己的家。那就是公元1900年在北京发生的围攻使馆的可叹悲剧。

然而批判的武器终究抵不过武器的批判。中国在这次战争中一败涂地，不得不接受屈辱的条约。李鸿章唯一能争取的不过是赔多赔少的问题。这让辜鸿铭极其愤慨，“当所有列强都成为原告、法官和刽子手时，我猜想皇太后将不得不赔、赔、赔！但如果我是皇太后，我将拒绝赔，即便列强把我抓起来送到圣赫勒拿岛，除非列强答应将来不再派来三种东西——日耳曼犹太高利贷狗、黑龙骑兵和爱管闲事之辈到中国来”。

只可惜，这样的声音在当时实在太少。辜鸿铭本人性格偏激，书本知识深厚，却对社会了解肤浅，人们对他的重视更像是看待一位了解西方的顾问而不是智囊，更不是管理人才。辜鸿铭也意识到了这一点，于是在一切尘埃落定后，他换了一种方式，继续为中国发声，那就是翻译中国典籍。

辜鸿铭在欧洲游历多年，知道中国在西方世界的低劣形象，都是拜一些所谓“汉学家”所赐。“在中国的欧洲人，用某个省的方言写几本对话，或者收集百八十条小故事，就马上可以自称是中国学的学者了。”而他们的汉语水平，“仅仅是刚刚克服了语言学习的大部分障碍而已”。半瓶子醋的水平，高高在上的虚荣，加上文化的偏见，这样的“底蕴”炮制的作品，其影响可想而知。他们不仅需要自己高高在上，还要论证自己高高在上，认为自己可以使中国“文明化”。而“文明化”的标志，就是灌输“盎格鲁–撒克逊的理想”。

辜鸿铭决心扭转这一局面，他要把中国的典籍翻译到国外，让欧美见识一下真正的中国思想和中国形象。在当时，把外国思想翻译成中文到中国传播的人多，比如严复、林纾，但是把中国思想翻译成外文输出海外的人却只有辜鸿铭一位。

在众多典籍中，辜鸿铭选择了《论语》《中庸》《大学》三篇。为什么是这三篇？《论语》是孔子及其门人言论的总集，《大学》相传是孔子门人曾子所作，《中庸》是曾子门人子思所作。后来朱熹又补上子思的学生孟轲所著的《孟子》，合称“四书”。但辜鸿铭认为，前三本已足够展示中国人的道德文明和仁爱精神。

辜鸿铭并非翻译儒家经典到外国的第一人，早在1593年，传教士利玛窦就把“四书”翻译成拉丁文传播到西方，之后又有许多西方汉学家陆续参与这项工作，让西方了解中国。但是这些汉学家有一个共同特征：他们并不真的理解中国，往往以西方的标准为参照，更多的是关注西方文化与中国儒家文化的不同点。

在辜鸿铭之前，最重要的译本由英国传教士理雅各完成。他用尽一生，把“四书”“五经”全部翻译完，60 岁时还被牛津大学聘请为汉学教授。但是这位“汉学家”的初衷是为了传教，对原文有许多误解乃至曲解。他说孔子不笃信宗教，不皈依上帝，应该受到“不真诚”这一谴责。“外国人谴责中国人及其政府惯于使用欺骗伎俩是有理由的……我们不能不引以为憾的是孔夫子在这方面所起到的带头范例作用。”但就是这样一本观点偏颇的版本，却在欧洲大行其道，许多欧洲学者认识中国正是通过这个译本。这让辜鸿铭大为恼火，燃起“舍我其谁”的雄心，决心要用一个更好的译本来正本清源。

“如果这本出自中国古人智慧的小册子能帮助欧美人，尤其是正在和中国人打交道的欧美人更好地理解‘道’，并形成较清晰深刻的道义感，抛弃以‘枪炮’和‘暴力’态度对待中国人的做法，代之以道义，无论作为个人，还是一个民族，在同中国人交往过程中都遵守道义的力量，那么我将感到我多年理解和翻译这本书所付出的精力没有白费。”

为了让西方读者更好地理解中国典籍的精髓，辜鸿铭用了一种非常特别的翻译手法，正如《论语》的译本副书名所说：“引用歌德和其他西方作家的话注释的一种新的特别翻译。”也就是说，辜鸿铭在用西方人所熟知的欧洲文化典籍帮他们理解中国文化典籍。这种手法在今天已经屡见不鲜，人们对西方读者介绍东方事物时说“这就是东方的 ×××”，而对东方读者介绍西方事物时则会说“这就是西方的 ×××”。比如歌德被欧洲人称为“魏玛的孔夫子”。

在当时，这种翻译方式或许独属于辜鸿铭——在那个时代，谁能像他那样学贯中西呢？但更重要的是，几乎所有的翻译家都在关注两种文明的不同点，试图找出差异所在，而这往往就是隔阂的起源。辜鸿铭则相反，他努力地寻找两种文明的共同点，以尽可能地“消除英国读者的陌生和古怪感”。他把尧注释为“中国的亚伯拉罕”，把周武王注释为“中国的所罗门王”，用《圣经》的人物关系注解孔子和他的门人的关系，让熟悉《圣经》的西方读者几乎是第一时间就理解了中国典籍的精髓。

向中国人介绍西方文化时，辜鸿铭也用了同样的方法。在北大讲英国诗时，他会对学生们说，“我今天教你们外国《大雅》”，过几天又会说，“今天我教你们外国《国风》”。他还会异想天开地说：“我今天教你们洋《离骚》。”“洋《离骚》是什么呢？原来是弥尔顿的一首长诗《利西达斯》。为什么这首诗会成了洋《离骚》呢？因为这是弥尔顿吊唁他一位在爱尔兰海的海难中淹死的亡友而写成的。”

求同存异，正是形成共识、达成合作，乃至建立良好关系的至高智慧。

当然，辜鸿铭必须细致地纠正之前译本的误解乃至曲解。比如孔子说“三十而立”，其中的“立”究竟是什么意思呢？买了房子？有了一份稳定的职业？这些都是表象，本质是站稳立场，树立观念。但又不仅如此。西方译本中把“立”翻译成“stand firm”，意思是“固执己见”，这已经完全歪曲了原本的意思。辜鸿铭将其翻译为“形成自己的观念和价值观”，实在令人拍案叫绝。这已经不是简单的翻译了，而是在深刻理解之上的精准转述。尽管也有后人挑刺，其中不乏王国维那样的大家，但并不妨碍辜鸿铭的译本至今仍是这些典籍最好的外文译本。即便这么多年过去，许多欧洲学者如今在研究中国典籍时依然首选辜鸿铭的译本。

不过，真正让辜鸿铭达到名声巅峰的却不是他的译本，而是他对一战结果的准确预测。

1914 年，一战爆发，许多在中国的欧美人士对战争爆发的原因和走向众说纷纭，莫衷一是。当时的辜鸿铭因为极佳的外语水平（也是因为没有收入）成为五国银行团的翻译，曾多次应邀向他们发表演讲。那时候战争刚刚开始，德国正在节节胜利，而辜鸿铭却大胆预言：德国必败！

辜鸿铭何以得出这样的结论？因为他对战争的原因有超乎常人的判断。他认为，虽然德国是战争的发起者，但始作俑者却是英国。确切地说，是英国的“群氓崇拜”。“群氓”是辜鸿铭经常使用的一个词，是指那些“半受教育、粗俗不堪，无法克制和抑制自身欲望”，因此经常“过激”的政治人物。而在当时的英国，“群氓”就是那些操纵英国政治实权的商人和实业家。这些市侩政客为了牟利，操纵舆论和议会，极力鼓吹扩张海外殖民地，牟取暴利。而受英国扩张威胁最大的德国为了抵抗，则必然地产生了“武力崇拜”，进而发展成“武器崇拜”，最终形成了军国主义。在这一刻，德国的失败已经注定了——有谁见过穷兵黩武的国家能逃过败亡的命运呢？

在辜鸿铭看来，此次大战已经宣告了欧洲文明的破产。欧洲的现代化过分关注物质文明，最终导致了战争并反噬了自身。欧洲文明用智力战胜了自然，却未能战胜自己。为了维持社会秩序，欧洲曾经依靠两种力量，一是宗教，二是法律，前者教人敬神，后者教人畏法，前者产生了教士，后者产生了军人。但这些不事生产的人给社会造成了极大的负担。而当物质文明否定了宗教之后，维持社会的力量就只剩下了警察和军人，走向军国主义就是必然了。现在的欧洲已经进入了死胡同，能拯救欧洲的只有中国文明。

辜鸿铭的信心从何而来，尤其是在中国还挣扎在水深火热中难以自拔的时候？

因为在辜鸿铭的理解中，衡量一种文化的价值，不是看它建立了什么样的都市，有什么样的建筑，用什么样的器具，遵循什么样的制度，有什么样的科学理念和艺术风格，关键看有什么样的人道，培养了什么样的男人和什么样的女人。

中国人的精神气质兼具博大、质朴和深奥，相比之下，美国人博大、质朴，但欠深奥；英国人深奥、质朴，但欠博大；德国人深奥、博大，但不够质朴。除此之外，中国人还具备

“精微”的特质，这种特质在欧洲古典时代只有古希腊才有。而在今天，西方国家中只有法国人才有。法国人博大不及美国人，质朴不及英国人，深奥不及德国人，唯有在“精微”方面独树一帜，能与中国匹敌，故而最能理解中国文化。

中国人何以有这样的特质而西方人没有？辜鸿铭的解释是，西方的宗教是基于“性恶”的“原罪”宗教，而中国的儒教是基于“性善”的“良民”宗教。西方宗教教人做个好人，中国宗教教人当个好公民。西方宗教教人成神，中国宗教教人当个好百姓。西方宗教教人敬神，中国宗教教人忠君。西方宗教是个人的宗教，中国宗教是国教。西方宗教把宗教和政治分割，中国宗教是政教合一。中国人依靠道德维系社会运转，人人都自觉地遵从“良心”，过着“心灵”的生活。因此，中国人不需要军人，不需要警察，不需要人监督，可以自然地过上与世无争、与人为善的生活。

后来，辜鸿铭把自己的演讲，即自己的希望与寄托，合成了一本文集，取名叫《中国人的精神》。

混了沙子的香米饭

《中国人的精神》出版后，引来的反驳与诟病远大于受到的赞誉。林语堂就吐槽说：“孔道理论上何尝不动听？……然中国无法治，人治之弊，辜不言，中国虽言好铁不打钉，而盗贼横行，丘八抢城，淫奸妇女，辜亦不言……而谓中国不需法治，不需军警，未免掩耳盗铃。向来中国政治只是一笔糊涂君子帐。”

林语堂的话可谓一针见血。必须看到，辜鸿铭维护国家主权、保护民族文化的初衷是好的，但是他往往把维护国家和维护清朝政权混为一谈，把维护民族文化和维护思想糟粕与陈规陋习混为一谈。就好像一碗香喷喷的米饭里面明晃晃地混着足以引起不适的沙子。辜鸿铭未尝没有主张过改革，也理解“批判的武器抵不过武器的批判”的道理，他曾对张之洞说，礼仪道理是无形之物，坚船利炮是有形之物，“以无形之物攻有形之物，而欲以是奏效于疆场也，有是理乎？”但是辜鸿铭所容忍的改革限度很低——不能动摇孔子之道和皇权，这是他理论的基石。但凡有谁反孔、反君主，辜鸿铭就一定要跳出来严词反对。

1908年，慈禧太后驾崩，辜鸿铭一口气写了两万多字的文章《中国的皇太后：一个公正的评价》，公然为慈禧太后张目，说她是中国妇女的典范。在他看来，就算是大兴土木，用民脂民膏修院子，但皇太后劳苦功高，花点儿钱享受一下不应该吗？

1911年的辛亥革命在辜鸿铭口中成了“暴动”；1919年的五四运动中，为了中国前途和命运大声疾呼、走上街头的学生，在辜鸿铭口中成了“暴徒”“野蛮人”。

然而时代不会为任何人停留。清帝退位了，孔子之道换成了“德先生和赛先生”。人们拒绝了他端过来的“香米饭”，去换了一碗新的饭填饱肚子，继续前行。这在辜鸿铭看来，分明是要让中国走上欧洲发展的死胡同，欧洲的今天就是中国的明天，这怎么可以？于是他的言辞越发激烈，行为越发乖张。他就像塞万提斯笔下的堂吉诃德，抄起象征旧时代的长枪，去挑战象征科技和力量的风车。这份舍生忘死的悲壮极具讽刺的悲剧喜感。他想当屈原，但是人们却总把他看作鲁迅笔下张口闭口“君子固穷”的孔乙己；每当他用“茶壶茶杯论”“小脚之美”“支持纳妾”等奇谈怪论来吸引眼球时，人们却只把他当作行走的“段子手”。他一开口，世间就充满了快活的空气。没人愿意理会他所谓理性的声音，那还不如他的辫子更有话题。

但是若没有辜鸿铭，别人依旧这么活。

晚年的辜鸿铭身边已经没有人再愿意听他说话，反而是遥远的欧洲，有人在惦记他。中国留学生到了德国，惊讶地发现竟然有如此多的人在研究他，成立了围绕他的学说的研究会。有些欧洲学者甚至宣称“不懂辜鸿铭者，莫入我门”。当听说辜鸿铭晚景凄凉时，还有人打算捐钱帮助他，并且很贴心地把这笔钱包装成稿费，以照顾他高傲的自尊心。

这凄凉的一景竟然成了一时名胜。传言“到中国可以不看紫禁城，不可不看辜鸿铭”。1921 年，陷入创作低谷的毛姆开启自己的东方之行，就冲着这番盛名来拜访辜鸿铭。

或许是久没人说话，当毛姆来访时，辜鸿铭发表了一场情绪激烈的演说。毛姆是这样记录的，他说：

> 你们凭什么相信你们要比我们高出一筹？在艺术和学术上你们就胜过我们？难道我们的思想家不如你们深刻？难道我们的文明没有你们的文明那么复杂、那么深奥、那么精细吗？这么说吧，在你们住在山洞里、身上披着兽皮的时候，我们已是一个开化的民族了。……那为何白种人要瞧不起黄种人呢？……因为白种人发明了机枪，那就是你们的优势。……你们将可怕的发明强加给我们。你们不知道我们是学习机械的天才吗？你们不知道在这个国家有四万万世界上最务实、最勤劳的人吗？你们认为我们得用很长时间才能学会吗？当黄种人能够造出跟白种人同样精良的枪炮并射击得同样准确时，那你们的优势何在呢？你们诉诸枪炮，你们也将会由枪炮来裁决。

其实，辜鸿铭这番话并不是针对毛姆，甚至不是针对毛姆所代表的西方文明。他是在痛恨那些“新从外国大学回来”的人，那些人“用亵渎的手，把世界上最古的文化破坏无遗”。此时的辜鸿铭变成了一只随时会炸刺儿的刺猬，时刻准备用尖刻的措辞与人展开一场辩论。没人知道辜鸿铭到底要坚守什么，为什么非要死抱着那条辫子，还要自诩“老大中华的末了的一个代表”。

其实辜鸿铭早就剖明了心迹，“我之效忠于清室，非仅效忠于吾父及列祖列宗世代生活于其仁政之下的清室，也是经由对清室的效忠而效忠于中国之宗教，效忠于中华民族之文明事业”。

辜鸿铭发自内心地认为中国传统的东西都是好东西，尊卑井然有序的社会真的很美好。但是辜鸿铭生于南洋优渥之家，长于西洋名校之林，回国后往来于高层之间，从来没有真正见识过在他所追捧的“传统秩序”之下的底层人民过着怎样生不如死的生活，从不知道为了把中国人民从这些糟粕中解救出来，全体中国人需要付出怎样的代价。中国的传统的确很美好，但它不应该成为桎梏；传统文化的米饭很香，但更应该坚决剔除其中的沙子。我们曾经花了一百年努力学习西方的长处，今天我们努力摆脱西方中心的视角，学会用中国视角重新审视中国传统文化。但这并不意味着我们需要重拾其中的糟粕，更不意味着我们要重新回到那种生活中去。我们需要做的，只是发现传统文化中的美好，并用其装点和丰富生活。

辜鸿铭曾经认为传统的生活就是中国人的精神。然而中国人的精神的真正精髓是什么？其实用八个字足以概括：兼容并蓄，与时俱进。

中国从来不拒绝任何一种适用的文化，近三千年前，我们的祖先倡导“胡服骑射”；约两千年前，我们的祖先走出天山，寻访更遥远的世界；约一千年前，我们的祖先敞开国门包容万邦；百年前，我们的先辈走出国门，学习西方的科技昌明。同时我们又不吝惜抛弃已经不合时宜的糟粕，如血统、出身、门第……一切都为了适应环境、强壮自身，在生存竞争中站稳脚跟并跻身前列。这才是中国历经数千年屹立不倒的真正原因。

尾声　孤忠

毛姆走后的第四年，辜鸿铭的晚景越发凄凉。因为和所有的激进力量起冲突，偌大的中国已经没了他的立足之地。曾经有日本人邀请他去日本讲学，辜鸿铭一度以为可以在日本重现他的理想国，甚至觉得日本把中国传统文化继承得比中国还好。“中夏的精神，在被夷狄侵犯以后，离开了中土。但中国文化的道德却留在了日本，日本的武士道正是这一点。”他告诫日本同人说，“日本今后，当致力于中国文化，讲求道德，研究王道，千万不可再学习欧洲的军国主义，扰乱东亚。”可是日本偏偏就走上了军国主义的道路，因为日本根本无心继承中国传统文化，它对继承中国“亚洲中心”的地位兴趣更大。为此，整个日本已经悄悄变成了一个超级大兵营。对于辜鸿铭天真地送上门来的所谓“良善”，日本人根本不感兴趣，反而希望借助辜鸿铭的威望，宣扬他们所谓的“大东亚共荣”理论，为将来的日本侵华做背书。

辜鸿铭在日本待不下去，只好怅然离开。来时前呼后拥、万人空巷，离去时只有一人相送，这让辜鸿铭备感凄凉。他后来去台湾投靠远亲，又因为亲情疏离而再次离别。

最终，辜鸿铭回到中国大陆，继续他的讲学生涯。

1928 年 4 月 30 日是辜鸿铭生命中的最后一天，他仍然在病榻上讲述儒学。虽然听课的人寥寥无几，他却将这件事当作自己最重要的使命，直至生命最后一息。讲课数小时后，71 岁的辜鸿铭永远离开了人世。

辜鸿铭晚年贫病，连入殓的钱也没有，还是清朝遗老们找到了溥仪，溥仪为其题写“含谟吐忠”以示缅怀，并拨出一笔丧葬费，辜鸿铭这才入土为安。

《大公报》为辜鸿铭的逝世发布了一则简短的讣告，末尾一句是：

> 性孤僻，发辫至死犹存。

到死，人们依然揪着他的辫子不放。

第六章

林徽因
荒野中的大师

神鸟从南海飞到北海，非梧桐树不栖，非竹果不食，非甘泉不饮。猫头鹰捂着刚抓到的老鼠，对着神鸟威吓："吓！"[①]

① 故事出自《惠子相梁》，此为作者的白话译文。——编者注

引子

1930年6月，日本建筑学家伊东忠太提出建议：中日两国学者应该联手对中国古建筑进行研究。不过，他认为中国同行坐在办公室里研究文献就好，至于实地考察古建筑遗迹，应该让日本人负责。

从表面上看，伊东忠太对中国同行非常照顾——轻松优雅的工作分给了中国人，脏苦累的活儿都交给了日本人。但是明眼人都能看出，这种分工充满了嘲讽和蔑视。"丝绸之路"的命名者、德国地理学家李希霍芬，就曾吐槽中国学者都是些"斯文秀才"，认为中国很难开展地质调查，因为"中国的文人性情懒惰，历来不愿意很快行动。在大多数情况下，他既为自己的贪心而烦恼，又不能把自己从关于礼节和体面的固有成见中解脱出来"。他们"留着长指甲，出门离不开轿子，还一定要带着书童随时伺候"，因为"步行就是降低身份"。

更何况，在中国老派学者眼中，包括建筑在内的所有手工技术都是些工匠之技，是登不得大雅之堂的雕虫小技。老派学者们把钻进故纸堆里寻章摘句、皓首穷经视作高雅，根本不屑于进行脏苦累的所谓“田野调查”。

> 当假的国学家正在打牌喝酒，真的国学家正在稳坐高斋读古书的时候，莎士比亚的同乡斯坦因博士却已经在甘肃新疆这些地方的沙碛里，将汉晋简牍掘去了；不但掘去，而且做出书来了。

鲁迅在写下这番话的时候，无疑是充满怨气和怒气的。13年前，伯希和在北京六国饭店展出他的敦煌考察成就，当时罗振玉就哀叹这是“极可喜可恨可悲之事”。然而13年后，中国的局面又有多大改观呢？

伊东忠太就是古建筑界的伯希和。论年龄、论思想、论实践，伊东忠太都是当时亚洲建筑史界教父级的人物，甚至连“建筑”的汉字翻译都是他完成的。1894年，他就提议把英语中的architecture一词翻译为“建筑”。早在1902年，他就横跨中国、印度、土耳其和欧洲，开启考察之旅。在46摄氏度的高温中，他重新发现了被中国人遗忘多年的云冈石窟。更何况，伊东忠太并不是唯一的考察者。在他的背后，还有关野贞、大村西崖、常盘大定等一大群人。他们的足迹遍及中国各地，调查并记录着中国古建筑遗存。他们的劳作共同托起了伊东忠太的专著《支那建筑史》。从这个角度上说，那个时代对中国建筑史的总结与书写，确实都是由日本学者代劳的。反观中国，伊东忠太放出豪言前四个月，专门研究中国古建筑的中国营造学社才刚刚成立。

中国文化的定义权、解释权、话语权，就这样被海外大大小小的“汉学家”剥夺并牢牢掌握着。中国人反而没有发声的余地，没资格讲述自己的文化。

伊东忠太的底气不止理论层面。在当时的日本，建于中国隋唐时期的建筑尚有30余座，鉴真和尚东渡日本留下的唐招提寺更被视为国宝。反观当时的中国和朝鲜，根本找不到有一千年以上历史的木构建筑。言下之意，日本才是唐文化的正统继承人，中国和朝鲜都不够资格。事实上，这种论调直到今天都没有绝迹，“崖山之后无华夏，明亡之后无中国”之类的声音时不时在网络上沉渣泛起，蛊惑着一些不明就里的人。

东亚世界与别处不同，既注重文化传承的“道统”，又注重执政合法性的“法统”，两者缺一不可。继承了唐文化，就拥有了道统；武力胜之，则拥有了法统，于是，日本就可以把自己伪装成和曾经的蒙古族、满族一样的异族统治者。既然能接受前者，为什么不能接受日本？

当时的日本，左手捧书本，右手持刺刀；用书本展开文化侵略，用刺刀展开军事侵略；书本为刺刀找借口，刺刀为书本抢地盘。

时代把一个沉甸甸的任务交到了中国学者的手中，觉醒的中国学者不再麻木，纷纷走出书斋，走向荒野，寻求真知，夺回中华文化的话语权。丁文江倡导“登山必到峰顶，调查不要代步”；翁文灏呼吁学人“担斧入山，劈荆棘斩榛莽”，甚至还提出，“如果一年没有上山，便不配称地质学者”；中央研究院历史语言研究所创始人之一傅斯年要求书生们“上穷碧落下黄泉，动手动脚找东西”。

就在伊东忠太发起挑战的第二年，林徽因加入了中国营造学社。作为从美国宾夕法尼亚大学毕业的高才生，她的到来为这个古典气息浓郁的社群吹入一股清新的风。当营造学社创始人朱启钤依然沿袭旧风气，打算在故纸堆中寻章摘句，认为没必要出京城时，林徽因改变了这一切。她力主学者必须走出书斋，去实地考察。这是中国建筑史上破天荒的头一回。林徽因没有留下什么豪言壮语，只是默默地和其他男性学者一样，走出校园，走出温暖舒适的北京，走进了山峦纵横、山路崎岖的荒野，去寻找沉睡着的、祖先的辉煌遗迹。在未来的岁月里，她的脚步遍及河南、河北、山东、山西、浙江，无数湮没在历史长河中的古迹，如应县木塔、赵州桥、独乐寺、佛光寺……经她的手拂去尘埃，重新回到大众的视野中。

“那意味着永久！”

1920 年春，林长民以“国际联盟中国协会”成员的名义，被派往欧洲进行为期一年半的访问。行前，林长民在一封信中说："我此次远游携汝同行。第一要汝多观察诸国事物增长见识。第二要汝近我身边能领悟我的胸次怀抱……第三要汝暂时离去家庭烦琐生活，俾得扩大眼光，养成将来改良社会的见解与能力。"

这里的"汝"，指的就是林徽因。

民国是个名媛扎堆的时代。那些名媛大多出身达官显贵家庭，自幼生活优渥。她们父母的培养方向也相当一致：才艺上要尽可能往琴、棋、书、画、文上靠拢，若能读洋校、懂点儿西学就更是锦上添花，以便赚个"才女"的名号。社交圈要尽可能上流，物质生活尽可能高端，方便寻找上层的青年才俊联姻。如此，这一辈子就尽享荣华富贵，岁月静好了。世人理解的"富养"，大多如此。

相比之下，林父实在是个"另类"。他对于林徽因的培养，更注重胸怀和眼光，希望她拥有"改良社会的见解与能力"。林徽因沿着父亲的指引不断成长，逐渐找到自己的人生想要去往的方向。

1920 年 8 月上旬到 9 月中旬，少女时期的林徽因随父亲先后游历了法国、瑞士、德国和比利时四国。其间，她没有在香榭丽舍大街的浪漫氛围中流连，没有醉心于奢华腕表，而是对欧洲文艺复兴时期的建筑物情有独钟。或许在那时，做一名女建筑师的愿望就埋下了种子。

多年以后，林徽因坐在宾夕法尼亚大学建筑课程的课堂中，深情写道："我跟随我的父亲周游了欧洲。在我的旅行中，我第一次萌发了学习建筑学的梦想。现代西方的一流的壮观激励了我，充满我心中的愿望是将其中的一些带回到我的祖国。我们尤其需要建造的理论，因为这能够使你的建筑物屹立许多个世纪。"

不过对于当时的林徽因来说，做个女建筑师还只是一个梦想，真正让她下定决心将其作为职业目标来追求的，是一个榜样。

在旅途中，林徽因结识了一位欧洲女建筑师。这是一位把一生的时光都奉献给了建筑事业的奇女子，林徽因经常见她沉浸于建筑绘画，一工作就是几个钟头，不眠不倦不休。她告诉林徽因，建筑可不只是"盖房子"，这里面有美术、有工程技术，还有人文理念，是一个融合了科学和艺术的高级学科。她放手鼓励林徽因帮她描图，去享受那些线条和色块经过怎样奇妙的组合，变成高大恢宏的建筑；那些漂亮的墙、柱、窗又是经过怎样的力学组合，变成足以抗拒岁月侵蚀的人间奇迹；这些组合的背后，又承载着怎样的文化印记、审美追求与人文情怀。

在树立职业目标的过程中，一个立体的、带有人性温度的、活生生的职业榜样，远比一个职业规划的概念，更能撼动年轻的心灵。

“那是包括艺术和工程技术为一体的一门学科。”林徽因是这样理解建筑的，也是这样传达给梁思成的。当时的梁思成连“建筑”是什么都还不知道，就为林徽因描述的宏伟景象所倾倒，决定陪着她一起去宾夕法尼亚大学建筑学专业求学。

20 世纪 20 年代的宾夕法尼亚大学建筑学专业正处于鼎盛时期，在瓦伦·莱尔德、保罗·克瑞等建筑名家的主导下，长年包揽全美设计大赛近四分之一的奖项。一大批中国留学生也云集在宾大，杨廷宝、范文照、童寯、陈植、赵深等人后来都在建筑界或教育界成就卓著。这群才华横溢的中国留学生则被美国同学戏称为“中国小分队”。

然而，尴尬的事情来了。

1924 年 9 月，梁思成顺利进入宾大美术学院建筑系，而林徽因却被告知：宾大建筑系不招女生。至于理由，校方给出的解释是：要想获得宾大建筑学学位，就必须通过人体写生课程的学习。而校方认为，如果女生进入人体写生教室，既会分散男生的注意力，也会使女性模特感到尴尬。所以，校方干脆在美术学院招生政策上明确规定，建筑学学位只允许男性攻读，女性只能从其他院系选修建筑学课程。

无奈之下，林徽因妥协了，她没有力量与一所大学既定的招生政策抗争，尽管这个政策看起来有些荒谬。她只能庆幸建筑系的大门对她来说还没有完全关上，就以选修的身份去学，在能自主的范围之内，尽可能地去做，未来会怎样，随着事情积极地向前推进，自然会不断地呈现它该有的结果。

才华终究是遮掩不住的，林徽因很快就显露出非凡的天分——她的建筑设计富有创意，常有别出心裁的灵感和极具个人特色的“神来之笔”。这让她在众多同学中脱颖而出，成绩“总是得到最高分数，偶尔拿第二”。

然而，正当林徽因在求学的道路上突飞猛进时，却猛听得一则噩耗：1925 年年底，林长民不幸卷入军阀混战，被流弹击中身亡。林徽因悲痛欲绝，打算立即回国奔丧。但是一个更严重的问题压得她喘不过气来：她原本是采取半官费的方式留学的，父亲一死，家里立刻断了经济来源，交不起学费了。此时的林徽因要么选择辍学去打工，赚够了学费再继续上学，要么就该收拾行李回国去了。无论怎样，都意味着她无法再心无旁骛地潜心于自己的学问了。

就在这时候，梁启超站了出来。他写信给准儿媳，让她既不要打工也不要辍学，学费问题他来想办法，“我从今以后，把她和思庄①一样的看待”。有了梁启超的鼎力相助，林徽因终于得以延续自己的学业。

看到这里，你或许会感叹林徽因真是好运气。她有睿智的父亲，有志同道合的伴侣，遭遇人生大不幸的时候，还有公公施以援手。她一生处处遇贵人，实在是好命。然而事实上，在

---

① 梁思庄是梁启超次女。

林徽因很小的时候，林父就娶了一房姨太太，夺走了林徽因生母受到的宠爱，是林徽因用自己的聪明、勤勉、得体及学识精进重新获得了父亲的关注，以至于家中大事小情，林父都愿意和这个早慧的女儿商量，林徽因这才赢得了被重点栽培的机会。试想，如果林徽因在宾大的成绩并不突出，梁启超大概早就鼓励她另谋出路了，何必继续砸钱呢？

世上的一切机会都是属于有心人的，如果我们自己无心长进，大可以抱怨世道不公，但这必定于事无补。人生从来都是靠自己成全的。

林徽因自然不会辜负梁启超的期望。1926 年 9 月，她凭借自己的耀眼才华，成功被宾大破例转录了建筑系，并被聘为建筑系的“设计指导教师”及“建筑设计（教学）事务助理”。此刻距离她作为一个选修课学生进入建筑学课堂，仅仅过了两年。1927 年夏，林徽因以优异的成绩从宾夕法尼亚大学毕业，获得建筑学学位。毕业后，旋即被宾大提升为建筑系的“建筑设计课兼任讲师”。

不过，梁启超对于林徽因的最大帮助并不是延续其学业的汇款，而是一个启迪：建筑不只是艺术，不只是工程，它还是一个国家、一个民族的历史承载和文化符号，反映了一个民族对空间的理解、对美的追求，以及对幸福生活的向往。一个伟大的建筑作品是全人类的共同财富，但它首先是建筑师本人所在国家和民族自身文化的承载和表达，因为只有“民族的”才是“世界的”。

为了让梁思成、林徽因领悟这一点，梁启超寄给他们一本名叫《营造法式》的“天书”。说它是“天书”，是因为两人“认识纸上的每一个汉字，但读不懂那些神秘的文字。它们以匪夷所思的方式组合在一起，像是另一个世界的语言”。既然如此，梁启超为何如此推崇，并在扉页上郑重地写下“一千年前有此杰作，可为吾族文化之光宠也”？

这本书是宋朝建筑大师李诫所著，他揭开了一个千古之谜：中国的传统建筑物为什么建造得非常快呢？唐朝长安城的宫殿只用10个月就全部造好了；武则天明堂号称中国历史上最大的木结构建筑，只花了一年多就建造完成。其实秘密非常简单：标准化。一座唐宋木结构建筑，浑身上下有成千上万个零部件，但是聪明的中国建筑师们把这些构件总结成了几个标准形式。它们就像是文字的笔画，不过是点、横、竖、撇、捺、折寥寥几种，却可以组合成千变万化的文字。

但是，中国传统的士大夫是看不上这些能工巧匠的。在他们眼中，建筑工艺不过是“匠学”，搞建筑的不过是些“匠人”，根本没资格树碑立传。建筑师们迫于生计，只得把一生精华当作商业机密，仅在父子、师徒之间口耳相传，不知道有多少智慧结晶就这样被带进了坟墓。梁思成慨叹，中国建筑从唐宋到明清，其实是退步了的。而李诫的这本《营造法式》，保留了中国建筑的规则与智慧，成了极罕见的特例。北宋崇宁二年

（1103 年），这本书刊刻出版，随即大行于天下。可惜仅仅 24 年后，汴梁城被攻陷，城中美轮美奂的建筑被付之一炬。中国那些令人惊羡的建筑技艺和美学，也被随后无休无止的兵灾毁失殆尽。这本《营造法式》就像武侠小说中的武功秘籍一样，在历代传承者的口口相传中不断被消磨，终至被遗忘。

1919 年，中国营造学社的创始人朱启钤意外地在江南图书馆发现了失传已久的《营造法式》。他做过交通总长和内务总长，主持过紫禁城的修缮与改造，对营造格外感兴趣，立刻意识到这部著作的独特价值。可惜这本《营造法式》是民间抄本，错误百出，绘图简陋。后来，藏书家陶湘把《四库全书》中相关部分及民间抄本比对校勘，重新编纂出"陶本"《营造法式》。梁启超寄给梁思成和林徽因的正是这个版本。

尽管不能完全懂，但是不妨碍梁思成和林徽因震撼于祖先创造的伟大与辉煌。由此反观，近代的中国建筑却在盲目追求外国元素，陷入了不伦不类的窘境。这让林徽因备感痛心："一种古典式的柱子，在这里那里钉着钉子；法国式的窗子，一个美国殖民地式的门道和大量并不必要的英国式、德国式、意大利式和西班牙式的装饰细部。现在你了解了（他们是如何）亵渎东方艺术的。……我们悲伤地看到，我们的土生土长的和特有的本色的艺术正在被那种'与世界同步'的粗暴狂热所剥夺。"

林徽因由此找到了自己一生的使命，"当我回到北京的时候……我将要带回给国人有关东方与西方交汇的一个真信息”。

1928年3月21日，林徽因和梁思成在加拿大渥太华结婚。之所以选择这一天，是为了纪念那位伟大的祖师爷——宋朝建筑家李诫，他留在历史中的印记，只剩下碑刻中的一个日期而已。两人给自己的儿子取名“从诫”，意在让儿子追随李诫的脚步，成为一代建筑大师。两人就用这样的方式，从宋朝先祖手中接过了衣钵。

在两人学成回国前夕，梁启超为他们安排了一次“实习旅行”：先到北欧观其市政规划，转德国得其古典严谨，折瑞士悟其天然，赴意大利参详文艺复兴，最后去土耳其洞悉宗教艺术。

在今天，旅行已经成为时尚。总有人说“心和脚步，总要有一个在路上”，以至于许多人把“爱好旅游”当作高端的人格标签。当然，也有人把旅游看得非常虚无，“所谓旅游，就是从自己活腻的地方，前往别人活腻的地方”。那么旅行的真谛是什么？是为了不让自己的学识乃至心灵，变得过于单质化。这就好像一个人只吃素食或只吃肉食，只喝可乐或者只喝茶一样，都会对健康造成损伤。我们常说，越是无知的人，越有莫名的勇气，质疑他看不懂也看不惯的一切东西。其实未必是他们真的无知，而是在一种单质的生活环境和知识体系中浸淫太久，已经不愿也不能再去理解一种异质文化和生活，因为这往往需要对自己原本笃信不疑的东西产生怀疑。勇敢而睿智的人会去理解、吸纳、糅合，将其变成对自己的滋养，因而越发强壮；而顽固的人会拒绝、对抗，乃至诋毁，因而越发顽固，以致故步自封。

但吸纳并不意味着丢掉自己原有的特质，就像林徽因所说，“不是去取代我们自己的，永远不要。我们必须学习所有艺术的基本原理，只是运用这些原理来设计那些清晰的属于我们自己的东西。我们想学习建造的方法，那意味着（坚固）永久”。

美国现代建筑学专业训练、欧洲传统建筑文化、现代城市规划、中东宗教建筑文明，让梁思成和林徽因充分汲取了多种异质文化的养分，为即将投身的中国建筑史研究做足了准备。

“让‘女弟子林徽因’再盘腿坐上他一千年！”

时光匆匆来到 1937 年 6 月，距离伊东忠太的挑战，已经过去了整整 7 年。

在这 7 年间，梁思成和林徽因努力奔走，上山下河，足迹遍及北方各省，先后考察了天津蓟县（今蓟州区）的独乐寺、山西大同的华严寺和善化寺、山西洪洞县的广胜寺等古迹，取得了丰硕的成果。不过他们两人的考察不同以往：既不是埋首典籍寻章摘句，也不是一头扎进荒野中盲目摸索，而是把典籍带进考察现场。他们抱着《营造法式》，在古建筑中寻找实物印证典籍，又对着典籍寻找实物。这相当于抱着参考书进考场，自然事半功倍。

事实上，林徽因和梁思成如此勤勉，固然是源自兴趣，即对古建筑发自内心的热爱，但更重要的是，他们要和时间赛跑，要和日本学者赛跑，要和日寇越来越近的铁蹄赛跑。这是那个时代的知识分子共同思考的命题：书生何以报国？林徽因与梁思成的回答是：救古建筑以保中华文明。

1931 年 5 月，日本学者关野贞在途中偶然发现了一座古建筑，凭借深厚的学术功底，他很快辨认出这座隐秘的、叫作独乐寺的古建筑始建于辽代。然而，日本人的发现只能到此为止，因为没有中国典籍的帮助，他们根本无法看懂中国建筑的“文法”。

其实，日本人是拿到过《营造法式》的，而且是来自文渊阁《四库全书》的典藏本，说不定比梁思成和林徽因手上的版本更好。但是日本人迷信田野调查，看不上这本小书，说它“不独解释困难，且无科学的组织，故有隔靴搔痒之憾”。

但是梁思成和林徽因则不同，他们自信地将先祖的典籍带入田野调查，依照先人智慧的指引，去理解和阐述中华民族自己的建筑文化。

所以，虽然关野贞抢了先手，但梁思成和林徽因反而赢得了更大的成果——这座辽代的建筑，几乎是完全采用《营造法式》定义的标准建造的，不管是建筑的整体构思，还是里面的各种部件，在《营造法式》中都能找到对应的说明。捧着《营造法式》去考古，无异于拿着一本参考书去参加考试，而且书中满是标准答案！借此机会，梁林二人不仅几乎全面破解了这本“天书”，更真切地感受到祖先的智慧何等高明：“梁枋千百，其结构用材，则只六种，其标准化可谓已达极点。”

1932年6月，梁思成撰写的《蓟县独乐寺观音阁山门考》发表。关野贞的《蓟县独乐寺》直到2个月后才姗姗来迟，而且其研究水平较梁思成相差很远，不仅没有建筑设计的任何探究，作者甚至不能正确使用中国古代建筑的术语，只能生搬硬套日本的建筑词汇。

林徽因不无得意地写信给胡适说：“我们单等他（梁思成）的测绘详图和报告印出来时吓日本鬼子一下，痛快痛快，省得他们目中无人，以为中国人好欺侮。”

但可惜的是，梁思成和林徽因依然没能找到唐朝的木结构建筑。建造时间最早的独乐寺、应县木塔，都止步于辽宋时期。见此情景，日方又嚣张起来，意思不外乎中国早就没了唐朝建筑，要找唐制木结构建筑，还要看日本奈良。但是林徽因不死心，她不相信偌大的中国竟然连一件唐朝木结构的实物也没有。

在过去的7年间，她和梁思成总结出一条规律，越是环境险恶的地方，越是能发现惊喜。有些地方甚至臭气熏天，而且有“成千上万的跳蚤”。因为只有这样的地方，才能阻挡人的脚步，让古建筑得以逃过后人的侵袭和破坏，遗迹反而被保护得更好。那么，是不是还应该再去环境更加恶劣、人际更加罕至的地方找找？

一个很偶然的机会，林徽因在法国汉学家伯希和写的《敦煌石窟》一书里，发现了两张唐朝壁画。这两张壁画描绘了唐朝佛教圣地五台山的全景，还贴心地标注了每座寺庙的名字。这里会不会有新的发现？在过去的几年里，夫妻二人已经品尝过太多次失望的苦涩了。他们一次次怀揣着希望去寻找那些古籍中记载的建筑，又一次次见到它们已经在漫长岁月中经历过太多次的重建、改建，甚至毁灭。他们绝望地想，这些壁画中的唐朝寺庙是不是真的已经荡然无存了？毕竟唐朝已经过去了1 000多年，1 000多年的天灾人祸、风霜雨雪、世事变迁，若一座木结构建筑能够从唐朝保存到现今，实在是一个难以想象的奇迹，即便不复存在或许也说得过去。

但是两人终究放不下。他们怀揣着一分侥幸：万一那里交通不便、人迹罕至、香火不盛，古建筑得以侥幸保存呢？

1937年6月，林徽因和梁思成一行人乘火车到太原，之后坐汽车，到了半路改骑驮骡，前往五台山。山路太过险峻，连牲口也不肯向前，他们只好拉着骡子步行。这样走了两天，才到达位于五台县城东北约30千米的佛光寺。

那么，这座深藏不露的佛寺到底是不是寻找已久的唐朝木结构建筑？

当林徽因一行人吃力地推开巨大的殿门后，一组精美的群雕映入眼帘："在一个很大的平台上，有一尊佛的坐像，两边是普贤和文殊以及众多随侍的罗汉、胁侍菩萨，有如一座仙林。在平台左端，坐着一个真人大小的着便装的女人，在诸神之中显得非常渺小和谦恭。”无论是从色彩还是造型上看，这“无疑是晚唐时期的作品”。如果塑像是唐朝的，那么“庇荫它的建筑必定也是原来的唐构”。

在梁上面和斗拱之间，他们还发现了壁画。这些壁画的风格和敦煌石窟壁画惊人地相似。“它除了唐朝之外不可能是其它时期的作品。”梁思成说，“尽管只是墙上一条，又在一个不显眼的地方，但这是我所知道的在敦煌石窟以外的中国本土唯一现存的唐代壁画。”

这个发现让一行人非常兴奋。第二天，他们的任务是观察房屋结构，看能不能找到唐朝建筑的结构特征。这就需要他们爬上天花板，去查看天花板和屋顶中间的部分。他们很快就明白这座建筑为什么能保存这么久了，因为在这个狭小的空间里，“住着成千上万只蝙蝠”，它们簇拥在一起，“就像涂了厚厚的一层鱼子酱”。死掉的蝙蝠掉落在积攒了成百上千年的灰尘里，引来无数吃它们的臭虫。一行人戴着厚厚的口罩，忍受着黑暗、恶臭和臭虫的袭击，一连好几个小时，不停地测量、绘图，用闪光灯拍照。

当他们终于从屋檐下钻出来呼吸新鲜空气的时候，才发现背包里爬满了臭虫，他们自己也被咬得伤痕累累。但是，巨大的收获冲淡了一切苦厄。这座建筑无论是细部还是整体，都清晰无误地显示出晚唐时期的特征。其中一种屋顶架构使用双“主椽”，这种做法以往只能在唐朝绘画中见到，如今就真真切切地呈现在眼前这座建筑上。

现在他们可以确信：这真的就是一座唐朝建筑。现在仅剩的问题就是确定年份。最有说服力的证据就是现场的文字。问题是，到哪里去寻找文字呢?

转机发生在考察的第三天。天生远视眼的林徽因在巡视大殿时，突然发现大殿的梁下隐约有墨迹，好像是题字。这个发现让大家异常兴奋：还有比实际写在庙的梁上或刻在石头上的日期更让人欢喜的东西吗?

正当大家忙着想办法搭脚手架，以便清洗梁柱，就近审视题字时，林徽因却努力地把头尽量往后仰，以便从各个角度尽力辨识梁上的文字。经过一番努力，她认出一些隐约的人名，其中最重要的是在最右边的那根梁上，当时依稀可辨的是“佛殿主女弟子宁公遇”。林徽因如遭电击，她依稀记得，殿外石柱上好像也有类似的字句。于是她赶紧跑到殿外去辨别石柱上的字句，果然有一模一样的“佛殿主女弟子宁公遇”的字样，而且有确切的年份，“唐大中十一年”，相当于公元 857 年。这比以往发现的最古老的木结构建筑还要早 127 年。而大殿中那个“一个真人大小的着便装的女人”，正是施主宁公遇夫人本人。

许多年以后，梁从诫依然能回忆起妈妈讲述这段经历时那神采飞扬的样子：

当时恨不能也为自己塑一尊像，让“女弟子林徽因”永远陪伴这位虔诚的唐朝妇女，在肃穆中再盘腿坐上他一千年！

在当天的日记中，梁思成兴奋地写道：“这是我们这些年的搜寻中所遇到的唯一唐代木建筑。不仅如此，在这同一座大殿里，我们找到了唐朝的绘画、唐朝的书法、唐朝的雕塑和唐朝的建筑。它们是稀世之珍，但加在一起，它们就是独一无二的。”

一行人一直忙碌到7月15日，才意犹未尽地从佛光寺下山。临行前，他们还对坚守在这里的僧人说，明年他们还会再来，还会带着政府的资助前来修缮这座国之瑰宝。但是，当天傍晚的一份报纸兜头泼来一盆冷水——日寇已经发动了全面战争，而且已经爆发一个星期了。一行人只好辗转离开山西回到北京。林徽因首先想到的不是自己的安危，而是她和梁思成收集的最珍贵的建筑资料。在随后的几天里，他们俩把一些无法带走的原始资料、底片，还有一些珍贵的文献，打包存到天津英租界的英资银行保险库中，以免落入日本人手中。这一耽误，就到了9月。夫妻俩收到了署名“东亚共荣协会”的请柬，约他们参加一场会议。很显然，日本人看中了他们夫妻俩的威望，希望他们能带头出面当汉奸。

林徽因明白，留在北京，很有可能以身殉国或者当亡国奴。如今只有一个办法，就是抢在日本彻底锁死出路之前赶赴大后方。尽管医生一再告诫林徽因，因患肺病，她的身体受不了颠沛流离之苦，可林徽因已经下定决心出发："我的寿命是由天的了。"

荒野中的大师

1937 年 9 月，林徽因一家悄悄离开北京，经天津港乘船到青岛，再经过济南、郑州、汉口，到达长沙。林徽因回忆说，他们此行"上下舟车 16 次，进出旅店 12 次"。然而长沙没能给林徽因一家带来安宁，日本飞机像乌鸦一样在长沙上空盘旋，随时准备收割生命。在一次"跑警报"① 中，一枚炸弹砸在一家人身边。林徽因和梁思成抱紧了孩子，绝望地对视一眼。所幸，那枚炸弹并没有爆炸。

长沙不能待了，一家人又跟着逃难的人群，赶赴更遥远的大后方昆明。对别人而言，这是一趟艰苦的逃难，但对于包括林徽因在内的中国营造学社的成员来说，这既是逃难之旅，也是一次难得的发现之旅。他们以往研究的目标都是历经几个世

① "跑警报"指听到突袭警报后迅速躲避。——编者注

纪保存下来的标志性建筑，如帝王的宫殿、道教的道观、佛教的寺庙，从来没有关心过民间建筑。而从北京到昆明这两千多千米的路上，他们不时见到各种极具地方特色的民居，这些民居又和当地住户的生活方式密不可分。这些默默生存又默默忍受的人在适应当地的风貌与苦难中，显示了极高的生活智慧，并由此形成了极具地方特色的民居。这让中国营造学社的成员大开眼界，也让他们成了逃难路上的一景——别人在逃难，他们在搞研究。

1939 年秋，梁思成带队开始对云南、四川、陕西等 36 个县展开古建筑调查，林徽因此时身体已经太过虚弱，无法出门，只好留在家里整理资料，等待他们归来。然而日寇没打算放过他们。1940 年，日寇飞机如附骨之疽般对昆明展开狂轰滥炸，中国营造学社只好再次搬迁。几经辗转后，他们最终落脚四川宜宾附近的一座小村庄——李庄。

在中国营造学社到来前，绝大多数中国人不知道李庄是哪里。即便是梁思成在写给友人的信中，也只能粗略地描述，李庄是在“长江上游一条不太吸引人的支流旁”。而随着众多学子的到来，这里热闹起来，从“三千六百人激增到一万五千人”。从世界各地寄来的信只要写明“中国李庄”，就能顺利寄达。

但是李庄的安稳并没有改变环境的艰苦。当地潮湿多雨，老鼠、蚊子屡见不鲜，掀开床铺总能看到一窝臭虫像逃兵一样四散逃窜。重病的林徽因受到优待，分到了唯一一张行军床，其他人只能睡竹席。但是这对于林徽因的病情毫无帮助。镇上买不到治疗肺结核的特效药，林徽因经常高烧不退。梁思成自学打针，不管是静脉注射还是肌肉注射，他都早已炉火纯青。林徽因也学会了针线活，硬撑着给孩子们缝补衣服。她自嘲“这比写整整一章关于宋、辽、清的建筑发展或者试图描绘宋朝首都还要费劲得多”。

1939 年，一个噩耗传来，几乎把两人击倒。天津发了大水，淹没了天津银行的地下保险库，他们保存在那里的珍贵资料全部被毁。听到消息后，两口子难过得抱头痛哭。天知道他们为了这些资料经历了多少艰辛，其中有些资料更是孤本，一旦毁失，就意味着不复存在。

擦干眼泪后，两口子做出了一个决定，那就是立即着手将留存在脑子里的资料整理出来，最大限度地挽回损失。《中国建筑史》的编撰工作就这样开始了。

虽说启动工作显得有点儿仓促，但是编撰这本《中国建筑史》绝非临时起意。还是在宾大上学的时候，一位教建筑史的教授问梁思成：你们中国的建筑独特鲜明，有什么关于中国建筑史方面的著作或者研究？这位教授讲授的是文艺复兴建筑史，是梁思成最喜欢的课程之一。但是面对这个问题，梁思成竟然张口结舌，一个字也答不上来。他似乎在那一刻才意识到，中国从来就没有一部建筑史，因为中国人从来不认为建筑是一门艺术。

从那时起，“为中国建筑修史”就成了两人一生奋斗的目标。两人原计划等战争结束，中国恢复和平后再动手，因为无论是林徽因还是梁思成，在眼下这个环境里都不适合从事繁重的工作。可两人还是决定立刻动手。他们不仅要复原那些资料，更要全面系统地整理战前的调查成果。不仅如此，他们还要出英文版，要向全世界介绍中国古代建筑的奥秘和成就。对于文化而言，传承的最好方式不是关起门来传内不传外，而是大方地展示出来，越多人知道越好，越多人来学越好。

梁思成请来当地木匠，做了几张简陋的书桌，摊开全部资料，着手撰写《中国建筑史》。他被脊椎软骨硬化病折磨，不得不套着一件铁马甲才能工作。长时间的伏案工作让他的病情越发严重，以至于头都抬不起来，他就用一只小花瓶垫在下巴下面，撑起自己的头，“这样可以画得直一点”。林徽因的病情也越发严重，经常是正在工作，就突如其来地大口咳血。待到稍微舒缓一点儿，她就又躺回行军床上继续捧起各种典籍做笔记，为梁思成的文稿补充、修改、润色。

梁思成在出版的《中国建筑史》前言中说：“这部稿子是一部集体劳动的果实……林徽因同志除了对辽、宋的文献部分负责搜集资料并执笔外，全稿都经过她的校阅补充。”

这部著作不仅是林徽因的成功，也是梁思成的成功，更是中国营造学社的成功。在过去的十多年里，他们走遍了中国

15 个省、近 200 个县，实地勘测超过 2 700 个古代建筑遗迹，跨越了中国 3 500 多年的历史，所著是当时最全面、最权威的中国古代建筑的著作。此刻，距离伊东忠太的挑战已经过去了 14 年。中国人对他的挑战做出了最好的回应。

不是没有人迷惘过：做这些事，可以赶走日本人吗？可以让中国富强吗？没人知道，但是或许正像陈寅恪所说的那样：“国可亡，而史不可灭。”

因为在中国的历史中，埋藏着这个古老民族历久弥新、长盛不衰的密码。

薪火相传

抗战结束后，林徽因回到了阔别已久、魂牵梦绕的北京。她希望在久违的和平之下振作有为，可惜长期的疾病毁掉了她的健康。在生命最后的 10 年里，她几乎是每日与病榻为伴。

1946 年，清华大学营建系成立，梁思成受聘担任系主任。他挽起袖子，立志要培养出一批高水平的建筑人才。然而刚上任不久，美国方面就发函邀请他去讲授中国传统建筑。这是一次向世界展示中国传统建筑的绝好机会，梁思成不想错过，可是清华营建系初创，还有太多事情要做。正在梁思成左右为难之际，林徽因自告奋勇，以病弱之躯，几乎是躺在病床上担起了清华营建系的初创工作。

其实，林徽因的建筑教育之路很早就开始了。那还是在1928年，她和梁思成刚刚毕业不到一年，就受聘于东北大学，开创了建筑系。他们二人成了建筑系最早也是仅有的两位教授。年轻的林教授不喜欢拘束在讲台上照本宣科，她更喜欢把课堂搬到清昭陵去，搬到沈阳故宫去，以天地为课堂，以古建筑为教具，让学生们沉浸其中，真切地感受祖先对美的向往，对秩序的追求，对空间的理解，以及把它们凝结于建筑之上的极高智慧。

她像个卓越的导游一样，从沈阳故宫的大清门讲到八旗亭，又从八旗亭讲到八旗制度。她会讲解这些建筑的大与小、高与低、简与繁如何营造了丰富的变化，如何巧妙地凸显了主次，各个部分又是怎样实现了整体的和谐，怎样呼应了当时的八旗制度。即便过去许多年，学生们依然能回想起那位神采飞扬的年轻教授，用着何等生动幽默、爽朗犀利的话语，将他们带进了建筑艺术的大门。

那大概是林徽因一生中最快乐的时光。那一年，她刚24岁，风华正茂，意气风发，病痛尚未来纠缠，事业也正在起步，一切看上去都好像有着无限的可能。她为此倾注全力，经常辅导学生到深夜，全然忘却了自己的身体正日渐瘦削。

只可惜，还不到三年，他们就被日军的刺刀逼迫着离开了钟爱的东北大学，也离开了东北。林徽因再也没能回到讲坛。

尽管病弱的林徽因不能再登上讲坛，但是筹建中的清华营建系正是她圆梦的最好舞台。她如当年一样倾注全力，去帮助后来的学子们走进建筑艺术的大门。

“林徽因虽然经常卧病在床，却能运筹帷幄，是一位事业的筹划者、指挥者。”清华营建系创建者之一的吴良墉说。无论他提出什么难题，林徽因的脑子里似乎都装着现成的答案，随时可以说出来。教职员工没地方住了，学生上课需要石膏像了，缺教辅人员了，林徽因似乎总有办法妥善解决。

经过她的努力，营建系在短时间里已经拥有超过 30 名学生和十几位教师，成为清华大学学术气氛最活跃的系之一。然而在这两年间，林徽因始终没有出现在教师的名单中。换句话说，她一直是在无偿地付出，但她不在乎。她只是遗憾自己再也不能把学生带到清昭陵和沈阳故宫去上课了；再也不能到旷野亲自勘测古建筑了；再也不能自由奔走，去新建筑的建造现场了。但是，她依然可以在病榻上为建筑艺术的传承尽自己的力量，培养出更多更优秀的年轻人，去完成自己未竟的梦想。

1949 年，林徽因终于被清华建筑系聘为一级教授，再次开始了教授生涯。因为长期卧病在床，林徽因的授课总是以“家教”的形式完成的——众多学生围在她的床边，聆听她的教诲。她总是“以振奋的心情尽情地为学生讲解，古往今来，对比中外，谑语雄谈，敏思遐想，使初学者思想顿感开扩”。然而即便是这样的授课，也经常会耗尽她的力气，当学生走后，她往往会“卧床喘息而不能吐一言”。

对于学生的请教，她总是尽可能地倾囊相授。“那时候，先生总是倚在床上教我，说起话来，喉咙胡噜胡噜地响，夹杂几声咳嗽。但话依旧说得又快又急，而且话一说开头，从来不限于我提出的问题，总是想到什么就说什么，滔滔不绝，我很难找到合适的空子抽身告辞。说得太多了，先生会累得喘息一会，半闭着眼睛，但右手还是举着，做出要留我的姿势，房间里没有别人，我又觉得不能回头说走就走。所以，每次请教，断断续续，时间都短不了。”林徽因的学生陈志华回忆道。

即便如此，林徽因还是总在遗憾，“当我去了，还有没说完的话”。

尾声 墓碑

林徽因终究没能说完她想说的话。

1954 年，林徽因被疾病彻底击倒了。她每天都在床上艰难地咳着、喘着，整宿整宿地无法入睡。这年年底，林徽因被送入了协和医院。院方组织了最有经验、水平最高的医生，尽了最大的努力进行救治。但是一切都太晚了。林徽因的肺部已经大面积感染，再无回天之力。1955 年 4 月 1 日凌晨 6 时 20 分，林徽因的心脏停止了跳动，她悄然离开人世，终年 51 岁。

她甚至没有来得及和梁思成做最后的道别，最后说一声“保重”。

或许最为可惜、可悲、可叹的是，林徽因留给今天人们最鲜明的背影，不是一个伟大的学者，而只是一个美丽的皮囊。人们提起林徽因时，第一反应还是和徐志摩那些不清不楚的八卦，而不是她对中国古典建筑的薪火传承。

人们用放大镜追踪她在几个男人间周旋的故事，却不在乎她走过多少险恶的古建筑遗迹。坊间流传着“太太的客厅”传闻，却少有人知道她极少待在“太太的客厅”，更多奔波在险山恶水、穷乡僻壤；人们热衷于她在名媛圈的排名，却少有人知道她是在病榻上完成了国徽和人民英雄纪念碑的设计。

其实何止那些不明就里的外人，就连她的好友、自认懂她的金岳霖，给她题写的挽联也还是“一身诗意千寻瀑，万古人间四月天”。

在他们的心目中，林徽因只是那个以诗才见长的才女。

只有与她携手一生的梁思成真正懂她。他亲自为妻子设计了墓碑，碑文用的是中国营造学社特有的字体：

建筑师林徽因墓。

后　记

终于写完了全书最后一个句号，也送走了本书最后一个“朋友”。

是的，是“朋友”。

“历史的面孔”系列从第一本到第二本，在收集整理人物的相关文献资料时，我无数次被那些尘封已久的故事感动。随着一点点发掘，他们逐渐从教科书上的只言片语中丰满，从野史和八卦歪曲的形象中端正，还原成一个个活生生的人：有血有肉，有脾气、有缺点，会迷惘、会犯错，能变通，也会顽固不化。他们不再是头顶历史光环的先辈，而是生活在我身边的、能接触且能感知的朋友。以至于每当他们的故事终了，带着无尽的悲欣离开这个世界时，我都会万分不舍，就像亲历一位位挚友故去一样。

在和今天的朋友们聊历史时，我常常会有一种感受：三国、隋唐、两宋、明清，这些分明更加久远的历史，于今天的人而言反而更加鲜活、更加熟悉。聊起这些历史，几乎人人都能信口叫出一个个如雷贯耳的名字，绘声绘色地讲述一段段关于这些名人的掌故逸事，还能来上一段极具个人特色的品评。

但是一谈及近代历史，常常是另一番景象。

印象最深的一次，是一期“中国近现代史纲要”课程开课前，我问一位年轻学生：“你能说出几个近代历史人物的名字？”他说了林则徐、慈禧太后、孙中山等寥寥几人，然后就是一阵支支吾吾，一时想不起来更多了。

我没有嘲笑他，更没有批评他。事实上，当我如他一般年龄时，所熟知的近代史并不比他多太多。当然，这只是极端案例，未必能代表青年学生的整体水平。但是，不可否认，在大多数人的心目中，近代史远不如古代史那么有趣、清晰、生动。

或许是它太屈辱。每每回顾这段历史，总让人体会到一种揭疮疤、撕伤口的痛楚，为曾经的愚钝、昏聩、无力感到愤懑。

或许是它太凌乱。国际的、国内的，各种人物、各种势力纷至沓来，各种思想、各种言论莫衷一是，各种纷争、各种纠缠永无休止，“乱烘烘你方唱罢我登场”，“城头变幻大王旗”，让人眼花缭乱，应接不暇。

或许是它太枯燥。每个人物、每个事件的出场似乎只是为了来领一个标签，然后作为某个重要意义的标志，最终落到某道考试题上，去考校学生们的文字辨识功力和细心程度，再静等考试结束后被遗忘。

中国近代史是一段绝不亚于周秦之变的超大变局。其改变之深刻、涉及面之广大、影响之深远，只怕有过之而无不及。当年太史公司马迁面对周秦之变发下宏愿，要“究天人之际，通古今之变，成一家之言”，这就是要弄清历史趋势和个人命运之间的关系，要打通历史与当下的壁垒，搞懂在时局的剧烈变动中应该扬弃什么，最终在变幻莫测中找到“不变”。当一个人能把握这些“不变”时，也就能找到真正属于自己的使命和人生道路。

太史公最终找到了属于他的答案，那就是人格的力量。他用皇皇 130 卷、52 万字的巨著记录了那个时代，留下了丰厚饱满的经典人格形象。这些经典人格直到今天还在潜移默化地影响着我们的心理和价值取向。说到戍边军人，我们会不假思索地称赞他们是“现代霍去病”；说起怀才不遇，我们自然会想到“李广难封”；同情一位悲情的末路英雄，会习惯性地说他“陷入了四面楚歌的境地”。

这样的人格力量足以穿透岁月，给后世以感召和激励。后世子孙在陷入困顿和迷惘时，每每会回到历史中，汲取先辈的智慧和力量，重新上路，去创造属于自己的辉煌。

历史，终究是人物谱写的历史。

我还记得自己对近代历史的兴趣是从央视的一部纪录片

《幼童》开始的。其中，“中国留学生之父”容闳的一生让我震撼不已。他敢为人先，开放包容，自立自强，坚守理想，教育救国。容闳的一生自鸦片战争前开始，一直到辛亥革命才结束。他的一生几乎就是半部近代史。围绕着这个梳理过程，一张张鲜活的面孔次第展现，一段段精彩人生铺陈开来。

他们的人格力量足以媲美《史记》中那些经典人格样板，成为后人取之不竭的精神滋养，当然，也不乏一些反面人格给后人以警示。更重要的是，当面对这样一个“三千年未有之大变局”，他们是如何开眼看世界的？他们是如何应对时代变局的？他们是如何承受外来文化和思想的冲击的？他们是如何探索民族出路的？或许这些问题才是今天我们这些后辈面对近代百年史，最应该思考的问题。

正是这些思考塑造了我价值观当中的很大一部分，也成了本书的源头和动力所在。

专业的事还需要专业的人来完成，我不敢妄言写出什么史学著作。但是，通过对人物故事的追溯，以及对人物的描写，能让读者更生动地体察那些困境、那些迷惘、那些思想交锋，还有那些热血的求索，从而给自己的人生带来一些启发和方向，这是我最大的期望，也是“历史的面孔”系列寻求的价值所在。

参考文献

第一章　林则徐：困惑的“开眼看世界”

1. 杨国桢 . 中国近代思想家文库 · 林则徐卷［M］. 北京：中国人民大学出版社，2013.
2. 林则徐全集编辑委员会编. 林则徐全集［M］. 福州：海峡文艺出版社，2002.
3. 施展 . 新民说 · 枢纽：3000 年的中国［M］. 桂林：广西师范大学出版社，2018：240.
4. 爱新觉罗 · 弘历 . 乾隆御制诗文全集［M］. 北京：中国人民大学出版社，2013.
5. 中国第一历史档案馆 . 鸦片战争档案史料 .I［M］. 上海：上海人民出版社，1987：742.
6. 中国近代史［J］. 人大复印资料，1998，(1)：48.
7. 文庆等纂辑. 筹办夷务始末（道光朝）［C］. 北京：中华书局，1964：9，16，615.
8. 冯桂芬 . 校邠庐抗议［M］. 上海：上海书店出版社，2002.

9. GULICK E. V. Peter Parker and the Opening of China [M] . Boston: Harvard University Press, 1973: 88-89.
10. 龚自珍 . 龚自珍全集 · 乙丙之际箸议第九 [M] . 上海：上海古籍出版社，2000.
11. 林则徐 . 林文忠公政书 [M] . 北京：朝华出版社，2018：119，170.
12. STEVENS George B., MARKWICK W. Fisher. The life, letters and Journals of the Rev. and Hon. Peter Parker, M. D. [M] . Boston and Chicago, 1972: 169-172.
13. A Digest of the Despatches on China with A Connecting Narrative and Comments, 8 April, 1839 [A] . London: James Ridgway, 1840: 125.
14. 胡滨编译 . 英国档案有关鸦片战争资料选译（上册）[M] . 北京：中华书局，1993.
15. 马士 . 中华帝国对外关系史（第一卷）[M] . 北京：商务印书馆，1963.
16. 严中平 . 严中平文集 [M] . 北京：中国社会科学出版社，1996：152，521-522，160-163.
17. 齐思和，林树惠，寿纪瑜编 . 中国近代史资料丛刊 · 鸦片战争 . 第 2 册 [M] . 上海：新知识出版社，1954：634.
18. 中共中央马克思恩格斯列宁斯大林著作编译局 . 马克思恩格斯文集 . 第 9 卷 [M] . 北京：人民出版社，2009.
19. 黄兴涛 . 闲话辜鸿铭 [M] . 海口：海南出版社，1997：99.
20. 芮玛丽 . 同治中兴——中国保守主义的最后抵抗（1862—1874）[M] . 房德邻等译，刘北成校 . 北京：中国社会科学出版社，2002：296-297.
21. 丁韪良 . 花甲忆记——一位美国传教士眼中的晚清帝国 [M] . 沈弘

等译 . 桂林：广西师范大学出版社，2004：159.
22. 朱维铮 . 基督教与近代文化［M］. 上海：上海人民出版社，1994：15.
23. 蒋廷黻 . 中国近代史［M］. 北京：北京理工大学出版社，2016：23-24.

第二章　张謇：极致地来，洒脱地去

1. 张謇全集编委会编 . 张謇全集（全 8 册）［M］. 上海：上海辞书出版社，2012.
2. 严学熙 . 大生纱厂工人生活的调查（1899—1949）［M］. 南京：江苏人民出版社，1994：15.
3. 张謇. 张謇全集（第 4 卷）［M］. 南京：江苏古籍出版社，1994：99，177.
4. 大生系统企业史编写组 . 大生系统企业史［M］. 南京：江苏古籍出版社，1990：146.
5. 张孝若 . 张謇传［M］. 长沙：岳麓书社 · 博集天卷，2021.
6. 罗一民 . 开路先锋——张謇［M］. 南京：江苏人民出版社，2021：35.

第三章　杨度：破茧的探路者

1. 杨度 . 杨度日记［M］. 北京：新华出版社，2001：79.
2. 杨云慧 . 从保皇派到秘密党员——回忆我的父亲杨度［M］. 上海：上海文化出版社，1987：8，13，156.
3. 王闿运 . 湘绮楼日记［M］. 上海：商务印书馆，1927：2431.
4. 舒新城编 . 中国近代教育史资料（上册）［M］. 北京：人民教育出版社，1979：59.
5. 杨度 . 举人杨度自备斧资随同前派速成教习赴日本游学由 . 光绪

二十八年五月十一日．外务部档案 18：2824（1）．中国第一历史档案馆藏。
6. 杨度．杨度集［M］．长沙：湖南人民出版社，2009：218，219，268，269，301，302，544，546，568，611.
7. 杨友麟，吴荔明．杨度与梁启超——我们的祖父和外祖父［M］．北京：人民文学出版社，2017：19.
8. 陈锡祺主编．孙中山年谱长编［M］．北京：中华书局，1991：339.
9. 张枬，王忍之编．辛亥革命前十年间时论选集·第二卷（上册）［C］．北京：生活·读书·新知三联书店，1963：94，97.
10. 朱执信．朱执信集（上集）［M］．北京：中华书局，1979：2，3.
11. 张枬，王忍之编．辛亥革命前十年间时论选集·第二卷（下册）［C］．北京：生活·读书·新知三联书店，1963：658.

第四章　秋瑾：娜拉出走以后

1. 秋灿芝．秋瑾革命传［M］．台北：三民书局，1994：11.
2. 王去病，陈德和主编．秋瑾史集［C］．北京：华文出版社，1989：30.
3. 服部繁子．回忆秋瑾女士［J］．东西交涉 .1982（1）：40-43.
4. 王时泽．回忆秋瑾．辛亥革命回忆录（四）［C］．北京：中国文史出版社，2012：227.
5. 秋瑾．秋瑾集［M］．上海：上海古籍出版社，1979：6，9，32，37，46，159.
6. 鲁迅．鲁迅全集（全 20 册）［M］．南京：江苏凤凰文艺出版社，2014：1292.
7. 毛泽东．毛泽东选集（第一卷）［M］．北京：人民出版社，1991：31.
8. 何香凝．我的回忆．辛亥革命回忆录（一）［C］．北京：中国文史出版社，2012：18.
9. 郑云山，陈德禾 . 秋瑾评传［M］. 郑州：河南教育出版社，1986：89.
10. 郭延礼 . 解读秋瑾（上册）［M］. 济南：山东教育出版社，2013：149.
11. 秋瑾 . 秋瑾史迹［M］. 上海：上海古籍出版社，1991.

第五章　辜鸿铭：不合时宜的堂吉诃德

1. 艾恺 . 世界范围内的反现代化思潮——论文化守成主义［M］. 贵州：贵州人民出版社，1991.
2. COLQUHOUN Archibald Ross, BEERSHEBA D. Work and Travel in Four Continents［M］. London: William Heinemann, 1908：144.
3. 马克思，恩格斯 . 马克思恩格斯全集（全 50 卷）［M］. 中共中央马克思恩格斯列宁斯大林著作编译局编译 . 北京：人民出版社，1956：13473.
4. 清华大学思想文化研究所编 . 世界名人论中国文化［C］. 武汉：湖北人民出版社，1991：229.
5. 方汉奇等 . 中国新闻传播史［M］. 北京：中国人民大学出版社，2007：50.
6. 顾长声 . 传教士与近代中国［M］. 上海：上海人民出版社，1983：126.
7. 黄兴涛 . 辜鸿铭反洋教述论［J］. 福建论坛（文史哲版），1994（2）：57.
8. 辜鸿铭 . 辜鸿铭文集（上卷）［M］. 黄兴涛等，译 . 海口：海南出版社，1996：50，79-80.
9. 孔庆茂 . 辜鸿铭评传［M］. 南昌：百花洲文艺出版社，2010：196.
10. 辜鸿铭 . 辜鸿铭文集（下卷）［M］. 黄兴涛等，译 . 海口：海南出版社，1996：99.
11. Ku Hung Ming, “Jacobin China” . The Story of a Chinese Oxford

Movement [M] . Shanghai: Shanghai Mercury, Ltd., 1912: xxvii.

第六章　林徽因：荒野中的大师

1. 李济 . 李济文集（卷五）[M] . 上海：上海人民出版社，2006：131.
2. 鲁迅 . 鲁迅全集（第一卷）[M] . 北京：人民文学出版社，2005：419.
3. 陈学勇 . 林徽因寻真 [M] . 北京：中华书局，2005：159，182.
4. 费慰梅 . 中国建筑之魂 [M] . 上海：上海文艺出版社，2003：28.
5. 林洙 . 梁思成、林徽因与我 [M] . 北京：清华大学出版社，2004：36.
6. 张泉 . 荒野上的大师——中国考古百年纪 [M] . 桂林：广西师范大学出版社，2022：167.
7. 丁文江，赵丰田编 . 梁启超年谱长编 [M] . 上海：上海人民出版社，1983：1068.
8. 王贵祥 . 林徽因先生在宾夕法尼亚大学 [A] . 清华大学建筑学院编 . 建筑师林徽因 [C] . 北京：清华大学出版社，2004：196，197.
9. 伊东忠太 . 中国建筑史 [M] . 陈清泉，补译 . 梁思成，校订 . 上海：商务印书馆，1937：7.
10. 梁思成 . 蓟县独乐寺观音阁山门考 [J] . 中国营造学社汇刊，1932（3）：2.
11. 梁从诫 . 倏忽人间四月天——回忆我的母亲林徽因 [A] . 清华大学建筑学院编 . 建筑师林徽因 [C] . 北京：清华大学出版社，2004：92.
12. 田时雨编 . 美丽与哀愁——一个真实的林徽因 [M] . 北京：东方出版社，2004：239.
13. 费慰梅 . 林徽因与梁思成 [M] . 北京：法律出版社，2010：46.
14. 梁思成 . 梁思成全集（第一卷）[M] . 北京：中国建筑工业出版社，2001：18.

15. 梁从诫编 . 林徽因文集 · 建筑卷［M］. 天津：百花文艺出版社，1999：227.
16. 吴良镛 . 林徽因的最后十年追忆［A］. 杨永生编 . 记忆中的林徽因［C］. 西安：陕西师范大学出版社，2004.
17. 梁思成 . 梁思成文集［M］. 北京：中国建筑工业出版社，1985.
18. 陈志华 . 爱美 · 审美 · 创造美［A］. 杨永生编 . 记忆中的林徽因［C］. 西安：陕西师范大学出版社，2004.